Das Happiness Paradox

DR. FRANK MARTELA

Das Happiness Paradox

Wie man **Sinn** und **Zufriedenheit** im Leben **findet**, ohne nach dem Glück zu suchen

Aus dem Englischen von Annika Klapper

KNESEBECK

Inhalt

EINFÜHRUNG

Sind Sie bereit, ein drittes Mal neu geboren zu werden?

Ich war 24 Jahre alt und hatte ein traumhaftes Leben als Austauschstudent in Thailand. Zusammen mit meinen Mitstudierenden verbrachte ich die Wochenenden (die vier Tage dauerten, weil wir Freitag und Montag keine Kurse hatten) in Strandhotels, wir tranken eimerweise Energydrinks mit Wodka und tanzten bis zum Sonnenaufgang am Strand, die Nächte verbrachten wir in billigen Bungalows. Oder wir besuchten die elegantesten Nachtclubs in Bangkok, wo wir dank der Kaufkraft westlicher Gehälter das Gefühl hatten, die Welt sei – in Shakespeares Worten ausgedrückt – unsere Auster.

Die Bars waren unsere Tempel und wir die Götter – wir lebten das Traumleben, das wir bis dahin nur aus Musikvideos kannten.

Ich war jung, und natürlich gefiel mir dieser Lebensstil. Doch als ein Partywochenende auf das andere folgte, kamen mir Zweifel. Mir wurde klar, dass ich den Traum von jemand anderem lebte. Werbung, Musikvideos und Filme hatten uns diesen Lifestyle einprogrammiert. *So sollte der Traum vom Leben aussehen.* Doch obwohl das alles viel Spaß machte, hatte ich das Gefühl, etwas anderes zu verpassen. Ein Gefühl der Leere packte mich. Irgendwann dämmerte mir, dass ich die »öden« Seiten des Lebens vermisste, wie Lesen und Schreiben. Dass die Lebensart, die wirklich zu mir passte, mit Büchern und nicht mit Strandpartys zu tun hatte.

Also ging ich zur Universitätsbibliothek. Ich las die Klassiker der Philosophie wie Nietzsche und William James. In einem Hippie-Buchladen am Strand von Koh Phangan entdeckte ich ein abgenutztes Exemplar von Viktor Frankls *Der Mensch auf der Suche nach Sinn.* Damals befand ich mich in der hedonistischsten Phase meiner Jugend und beschloss kurzerhand, dass ich mich in meinem Leben mit der Frage nach dem Glück beschäftigen wollte.

Was macht unser Leben zu einem glücklichen, erfüllten und sinnvollen? Und wonach sollten wir letzten Endes streben?

Im darauffolgenden Jahrzehnt machte ich meinen Abschluss, begann meine Doktorarbeit und promovierte, fand die Frau, die ich in guten und schlechten Zeiten lieben würde, bekam drei wunderbare Kinder mit ihr und fand meinen Platz in der Forschung, indem ich die psychologischen und philosophischen Aspekte der großen Fragen des Lebens untersuchte. Darüber hinaus bereiste ich sechs Kontinente, sprach und trank Bier mit Menschen aus sämtlichen sozialen Schichten und sammelte viele Erfahrungen – das alles mit dem Ziel, ein tieferes Verständnis dafür zu erlangen, was ein glückliches Leben für uns Menschen bedeutet.

Als Finnland 2018 zum glücklichsten Land weltweit gekürt wurde, erkannte ich, dass sich das, was ich suchte, die ganze Zeit direkt vor meinen Augen befunden hatte. Offenbar verbarg sich das Geheimnis eines glücklichen Lebens nicht an den Stränden von Belize, man fand es wahrscheinlich auch nicht beim Bungee-Jumping in Neuseeland, in Singapur, im Silicon Valley, Winchester oder am Lehrstuhl für Psychologie der University of Rochester im US-Bundesstaat New York, wo ich ein halbes Jahr als Gastforscher verbrachte. Das Geheimnis wartete dort auf mich, wo ich begonnen hatte: zuhause. Und als ich mit dem Schreiben dieses Buches anfing, belegte Finnland zum siebten Mal in Folge den ersten Platz auf der Liste der glücklichsten Länder der Welt, was wiederum dazu führte, dass Journalist:innen aus der ganzen Welt herausfinden wollten, wie es sein kann, dass in diesem kleinen skandinavischen Land mit langen, kalten Wintern so glückliche Menschen leben. Und ich, als finnischer Glücksforscher, teilte meine Ansichten in Sachen finnischer Zufriedenheit mit zahlreichen internationalen Medien, wie der *New York Times*, *BBC*, *CNN* und sogar *Fox News*.

Unser Geheimnis? Die Menschen in Finnland machen sich nichts aus Glücklichsein. Als das Land zum glücklichsten weltweit ernannt wurde, reagierten die meisten meiner Landsleute mit Unglauben und Skepsis. Die Menschen der Nation, die für Dunkelheit, Heavy Metal, Melancholie und ewigen Winter steht, waren nicht bereit, diese Auszeichnung als die Wahrheit anzuerkennen. Doch es stimmt: Ich habe

länger als ein Jahrzehnt zu diesem Thema geforscht und zahlreiche Finn:innen davon überzeugt, dass sie tatsächlich glücklich sind. Ich selbst sehe Finnland als das *Land der stillen Zufriedenheit* an: Die Menschen hier nehmen das Leben, so wie es ist, sie ereifern sich nicht groß darüber, was in ihrem Leben gut oder schlecht ist. Doch wenn man sie letzten Endes fragt und auf eine Antwort drängt, geben sie zu, dass sie im Grunde ziemlich zufrieden mit ihrem Leben sind. Die Kunst, das Leben so zu akzeptieren, wie es ist, lehren zahlreiche Traditionen weltweit – vom Stoizismus und Taoismus bis hin zum Buddhismus. Und die Menschen in Finnland haben sich die Weisheiten dieser Lehren zu Herzen genommen.

Doch Zufriedenheit im Hier und Jetzt ist nur die halbe Miete. Wir müssen der Zukunft voller Begeisterung entgegenblicken. Ein gesundes Leben basiert nicht auf passiver Zufriedenheit, sondern auf aktiver Teilnahme: Sie brauchen Ziele und Werte; denn wenn Sie diese verfolgen, belebt das Ihr Hier und Jetzt, Ihre Gegenwart bekommt Dynamik. *Zufrieden* zu sein, mit dem, was Sie haben, sollte nicht

bedeuten, dass Sie sich darauf *ausruhen*, was Sie haben, denn das führt garantiert zu Langeweile. Wir brauchen Herausforderungen und Ziele, um zu wachsen; wir brauchen etwas, worauf wir uns freuen können. Der Trick eines glücklichen Lebens ist die Fähigkeit, diese beiden scheinbar widersprüchlichen Einstellungen gleichzeitig aufrechtzuerhalten: die bedingungslose Akzeptanz der Gegenwart und das Verfolgen von Zielen und Projekten, die in Ihren Augen wertvoll sind. So entsteht nämlich eine dynamische Form von Zufriedenheit, und genau diese *dynamische Zufriedenheit* stelle ich Ihnen in diesem Buch vor.

Letzten Endes geht es beim Glücklichsein nicht darum, dem Verstand einen Streich zu spielen, und auch nicht um äußere Anzeichen von Erfolg. Sondern vielmehr um eine Einstellung zum Leben. Wir können unser Leben nur mit dynamischer Zufriedenheit angehen, wenn wir zerstörerische Einstellungen und ungesunde kulturelle Normen ablegen, die uns den Weg zum Glücklichsein versperren. In den Worten von Brené Brown: Wir können über die guten Seiten des Lebens reden, »bis wir wie die Lebensweisheiten auf Grußkarten klingen«, aber solch gut gemeinte Ratschläge helfen nicht, denn »noch nie habe ich gesehen, dass derartige Anweisungen funktionieren, wenn man nicht auch über die Dinge spricht, die stören.«[1] Auf unserem Weg zur bedingungslosen Akzeptanz des Lebens müssen wir uns damit auseinandersetzen, wie wir mit der Vergangenheit, mit der Zukunft, mit unseren Gefühlen sowie Rückschlägen und auch damit umgehen, was andere von uns halten. Im letzten Schritt müssen wir uns außerdem damit auseinandersetzen, was Glück an sich für uns bedeutet und wie wir unserem eigenen Glücklichsein gegenüberstehen. All diese Schritte sind notwendig, damit Sie bereit und in der Lage sind, die zwei weiter oben erwähnten Einstellungen (Akzeptanz auf der einen, Begeisterung auf der anderen Seite) gegenüber dem Leben zu vereinen.

Wenn bedingungslose Akzeptanz der Gegenwart in Kombination mit dem begeisterten Verfolgen eines Projekts, das Sie selbst ausgewählt haben, nach etwas klingt, das Sie gern in Ihrem Leben erreichen würden, dann begeben wir uns auf eine gemeinsame Reise!

Trauen Sie sich, sich zu befreien?

Was wäre, wenn ich Ihnen ein Leben anbieten würde, in dem Sie durch Reifen springen, nur weil Sie einer Karotte hinterherrennen, die Sie im Grunde gar nicht haben wollen?

In diesem Buch geht es um Befreiung, um den Abschied von falschen Bindungen, die uns lähmen und Lebensentscheidungen treffen lassen, die uns schaden. Wir hängen fest in einem Netz aus Erwartungen, Vorurteilen und Ängsten und bleiben in einer schmalen Gasse förmlich stecken. Im schlimmsten Fall ist Ihre Situation festgefahren: Sie arbeiten in einem Beruf, den Sie nicht mögen, um von dem verdienten Geld Dinge zu kaufen, die Sie nicht brauchen, nur um Menschen zu beeindrucken, die Ihnen nichts bedeuten. Dieses Buch soll Ihnen helfen, sich aus dieser Lage zu befreien.

Ich werden Ihnen weder Erfolg noch Reichtümer versprechen. Auch nicht, dass Ihre Probleme verschwinden. Setzen Sie die Ansätze des Buches in die Tat um, werden diese Auswirkungen wahrscheinlicher – somit ist dieses Buch nicht per se *gegen* Erfolge –, doch in erster Linie soll es Ihre Perspektive verändern, wodurch Erfolg eine angenehme, potenzielle Nebenwirkung wird, aber eben nicht das ultimative Ziel des Lebens ist.

Was ich Ihnen hingegen verspreche, ist: Perspektive. Die Fähigkeit, besser mit den Dingen umzugehen, mit denen Sie gerade umgehen müssen.

Die Fähigkeit, mit mehr Begeisterung und Dynamik das zu verfolgen, was auch immer Sie verfolgen möchten.

Und allen voran verspreche ich Ihnen Selbstwahrnehmung – die Weisheit zu erkennen, was im Leben es wert ist, verfolgt zu werden (und – ebenso wichtig – was nicht). Ziel ist es, Ihr Leben so zu lieben, wie es ist, während Sie voller Begeisterung das anstreben und verfolgen, was Sie wertschätzen.

Sie sollen kein Leben leben, in dem Sie lediglich ein Handelsgegenstand, ein Werkzeug sind, das man benötigt, um etwas anderes zu erreichen, wie Erfolg, Ruhm, eine tolle Karriere oder die Akzeptanz anderer Menschen. Ganz egal, was Sie sich als Ziel nach der Lektüre dieses Buches vornehmen, es sollte eines sein, das Sie selbst gewählt haben und das für Sie von Bedeutung ist.

Ich möchte Ihnen helfen, Ihr Leben aufmerksamer, reflektierter, freier und letzten Endes erfüllter zu gestalten.

Existenzialismus für Menschen mit Gepäck

Da es in diesem Buch um Befreiung geht, schwingt auch immer Existenzialismus in diesem Kontext mit. Existenzialismus bezeichnet die Bewegung bestimmter Philosoph:innen und Künstler:innen, welche die Menschen darauf aufmerksam machen wollten, dass sie frei sind und als Konsequenz authentischer leben sollten.[2] Friedrich Nietzsche, Fjodor Dostojewski und Søren Kierkegaard gelten als die Vorreiter des Existenzialismus im 19. Jahrhundert, während Frankreich in der Nachkriegszeit das Epizentrum der Bewegung bildete, mit Jean-Paul Sartre, Simone de Beauvoir und Albert Camus als zentrale Figuren. In Finnland war der Philosoph Esa Saarinen ganz vorn dabei, als es darum ging, die Menschen dazu zu bringen, ihr eigenes Leben in die Hand zu nehmen. Von einem jungen »Punkdoktor« in Lederhosen in den späten 1980er-Jahren wandelte er sich zu einem Universitätsprofessor in Leoprintanzügen in den 2000er-Jahren, der noch immer die Hörsäle füllt und dessen Videos hunderte, ja tausende Male auf YouTube angeschaut werden – nicht schlecht für zweistündige Mitschnitte von akademischen Vorlesungen. Als Esas ehemaliger Doktorand und Mentee ist es nun an mir, die Fackel weiterzutragen und die älteste Pflicht der Philosophie zu erfüllen: die Menschen wachzurütteln und dazu anzuleiten, selbst zu entscheiden, wie sie ihr Leben leben möchten.

Dieses Buch könnte auch *Existenzialismus für Menschen mit Gepäck* heißen. Während die Existenzialist:innen es als selbstverständlich erachteten, dass Menschen »in diese Welt geworfen werden … dazu verurteilt, frei zu sein«,[3] wie Sartres berühmtes Zitat es beschreibt, bin ich der Meinung, dass wir tatsächlich eine Menge Gepäck mit uns herumschleppen, das unserer Freiheit im Wege steht. Ein Teil davon ist – wie viele unserer emotionalen Reaktionen – ein Resultat der Evolution, denn die Angst vor Dunkelheit und Verlassenwerden diente unserem Überleben in der Wüste. Ein Großteil dieser Last hingegen, beispielsweise Idealvorstellungen darüber, wie ein erfolgreiches, erstrebenswertes Leben aussieht, entstammt der Kultur, in der wir aufgewachsen sind. In weiten Maßen bestimmt unsere evolutionäre und kulturelle Prägung die Art und Weise, wie wir mit Situationen umgehen, welche Optionen wir in Erwägung ziehen und welche Dinge wir wertschätzen.

Wenn wir dieses Gepäck ignorieren, werden wir uns niemals befreien können. Deshalb betont dieses Buch den Aspekt des *Verlernens.*

Man kann sein Leben befreit leben, wenn man Zufriedenheit mit Begeisterung kombiniert.

Um Meister Yoda aus *Star Wars* zu zitieren: »Vergessen musst du das, was du früher hast gelernt.«[4] Deshalb beschäftigen sich die ersten sechs Kapitel mit den Dingen, mit denen wir aufhören sollten, bevor wir uns jenen Dingen widmen, mit denen wir beginnen wollen. Sobald wir uns von falschen Ansprüchen befreit haben, wird es uns recht leichtfallen, das Richtige zu tun.

In diesem Buch geht es nicht um Erfolg

Was, wenn Sie alles – Zeit mit Familie und Freunden, Hobbys, ja sogar Ihre Gesundheit – aufgegeben haben, um erfolgreich zu sein? Nur um festzustellen, dass das alles eine Illusion war und das Leben mit dem größten Erfolg nicht besser ist. Das mag vielen von uns bekannt vorkommen. Diese Annahme ist tief verankert in Menschen, die bedingungslos nach Erfolg streben, ohne darüber nachzudenken, was »Erfolg« eigentlich für sie persönlich bedeutet.

Die Menschheit verdient kein Kompliment dafür, dass die Verlage bei der Bewerbung eines Ratgebers empfehlen, das Wort *Erfolg* in den Buchtitel mit aufzunehmen. Die meisten Käufer:innen von Ratgebern interessieren sich nämlich nicht dafür, etwas über sich selbst zu lernen oder darüber, wie sie zu einem besseren Menschen werden. Sondern sie interessieren sich für Erfolg. Und mit Erfolg meinen sie, dass sie schneller rennen wollen als der Typ von nebenan, und das in einem Kopf-an-Kopf-Rennen, an dem sie nicht einmal freiwillig teilnehmen.

Das Streben nach Erfolg bedeutet nichts anderes, als dass wir unser Leben, das vollkommen in Ordnung ist, verschwenden!

Streben Sie nach Erfolg, dann zeugt es davon, dass Sie nicht wissen, was Sie vom Leben wollen. Sie wissen nicht, was Ihnen im Leben wichtig ist und was es wert ist, dass Sie danach streben. Sie haben nichts gefunden, wofür es sich zu kämpfen lohnt. Und genau deswegen haben Sie sich mit der zweitbesten Option zufriedengegeben: andere zu beeindrucken, indem Sie mehr machen oder besitzen – bessere Noten, mehr Geld, ein größeres Haus, eine teurere Uhr oder ein wertvolleres Kleid.

Diese Lebensart, andere ständig übertrumpfen zu wollen, ist reine Energieverschwendung. Sie haben die Möglichkeit erhalten, ein einzigartiges Leben zu leben, doch Sie schmeißen es weg, indem Sie sinnlose Wettbewerbe bestreiten, da Sie sich niemals die Zeit genommen haben, darüber nachzudenken, was Sie von Ihrem Leben eigentlich erwarten. Mich stimmt es traurig, wenn ich sehe, wie viele Menschen im Hamsterrad des Erfolgs gefangen sind, ohne sich die Zeit zu nehmen, darüber nachzudenken, welche Ziele es *wirklich wert* sind, verfolgt zu werden.

Ein Comicstreifen, der mich jahrelang beschäftigt hat, zeigt zwei Männer, die eine schwere Last hinter sich herziehen. Ein Dritter kommt dazu und bietet an, Rollen unter ihren Karren zu montieren, aber sie sagen »Entschuldigung, wir sind zu beschäftigt …« So fühle ich mich manchmal, wenn ich meinen Kurs *Art of Living* an der Aalto-Universität in Helsinki unterrichte. Da es sich um einen Wahlkurs handelt, befinden sich die meisten Teilnehmenden bereits auf dem richtigen Weg zu einer besseren Lebensart. Diejenigen, die ihn eigentlich dringend bräuchten, die mit Scheuklappen durch ihr Leben rennen, verpassen die Lektionen des Kurses. Sie lesen die Kursbeschreibung und sehen lediglich, dass der Kurs sie nicht von A nach B bringt. Was sie allerdings nicht sehen, ist, dass der Kurs ihnen helfen würde, bessere »Bs« zu finden. Erst wenn sie später in einer tiefen Lebenskrise stecken und innehalten, erkennen sie, wie wichtig es ist, ein derartig eng ausgerichtetes Leben zu überdenken.

In diesem Buch werden Sie keine optimierten Strategien finden, um von A nach B zu gelangen. Auf dem Buchmarkt gibt es schon viel zu viele Erfolgsratgeber. Wäre es nicht schlauer, erst einmal zu bestimmen, welche Ziele für Sie selbst wichtig und wertvoll sind? Der Management-Guru Peter Drucker, der als Pionier der modernden Managementlehre gilt, stellte treffend fest: »Es gibt nichts Nutzloseres, als etwas

hocheffizient zu tun, was gar nicht getan werden muss.«[5] In diesem Buch geht es nicht darum, wie Sie Ihre Effizienz verbessern, sondern darum, was Sie in Ihrem Leben anstreben sollten und was nicht. Dieses Buch wird Ihnen nicht zeigen, wie Sie etwas richtig machen, sondern wie Sie das Richtige machen.

Zu wenige Bücher beschäftigen sich mit den Zielen, die man im Leben verfolgen sollte – oder mit der Frage, wie man die richtigen Dinge bestimmt, nach denen man streben möchte. Letzteres verlangt nach stärkerer Selbstbetrachtung, danach, unsere Annahmen zu hinterfragen und auf unser Innerstes zu hören. Aus Einfachheit (und um diesen Aspekt von *Selbsthilfe* abzugrenzen) nennen wir ihn *Selbstsuche*. Diese Form der Suche hilft Ihnen dabei, die für Sie wichtigen Ziele, Werte und Lebenseinstellungen zu bestimmen. Die Geschichte dieser Suche reicht weit zurück – die (westlichen) Wurzeln liegen im Alten Griechenland und Rom, wo Philosophen wie Sokrates, Aristoteles, Epikur, Seneca und Epiktet quasi die Stars ihrer Zeit waren und unzählige Fans jeden Alters um sich herum versammelten. Wir können uns diese Selbstsuche auch als Teilbereich der Selbsthilfe vorstellen, als Ergänzung all der Erfolgsratgeber, welche die Buchregale füllen. Die *Selbstbetrachtungen* des römischen Kaisers Marcus Aurelius sind ein Selbsthilfebuch – sogar recht wörtlich, denn offenbar handelt es sich um Ratschläge, die er für sich selbst aufgeschrieben hat. Mein Buch reiht sich in eben diese hehre Tradition der Suche nach dem Selbst ein, wobei sich meine Ratschläge allerdings auf die neuesten Erkenntnisse der Verhaltens- und Sozialforschung stützen.[6]

Somit geht es in diesem Buch um Selbstsuche mit einer wissenschaftlichen Basis, um Existenzialismus für Menschen mit Gepäck, wobei meine Auffassung von jenem Gepäck auf den neuesten Forschungsergebnissen der Psychologie basiert. Nutzen Sie dieses Buch dazu, Ihr Wertesystem neu auszurichten. Um die Grenzen Ihrer aktuellen Weltanschauungen, die Sie gefangen halten, zu hinterfragen. Um kraftspendende und kostbare Ziele für Ihr Leben zu finden. Und lesen Sie *danach* ein Buch mit den besten Strategien, um diese zu erreichen.

Die Chance, ein drittes Mal neu geboren zu werden

Lassen Sie mich Ihnen ein letztes Mal und auf andere Weise beschreiben, worum es in diesem Buch geht. Der Auftrag dieses Buches ist es, Ihnen die Möglichkeit zu geben, ein drittes Mal neu geboren zu werden.[7]

Das erste Mal ist die *körperliche Geburt* – wenn ein Baby aus dem Mutterleib herauskommt und zum ersten Mal eigenständig atmet. Das zweite Mal ist die *kulturelle Geburt* – jene ersten Jahre, während derer man die Sprache seiner Eltern erlernt. Gleichzeitig verinnerlicht man ihre Werte, Vorurteile, Tabus, Normen und Lebensziele. Kurz gesagt: Die Weltanschauung unserer Eltern wird zu unserer Weltanschauung. Sobald wir keine Kleinkinder mehr sind, die in erster Linie essen, wachsen und verdauen, entwickeln wir uns zu einem eigenen, kultivierten, denkfähigen Wesen, das sein Verhalten an dem Weltbild seiner Umgebung orientiert. Dies ist die zweite Geburt.

Die dritte Geburt dauert am längsten, und jeder Mensch erreicht diese Geburt nur bis zu einem gewissen Grad. Manche durchleben diese Geburt nie. Es handelt sich um die *Geburt eines Individuums*: Sie werden sich Ihres inneren Lebens und Ihrer inneren Werte bewusst, und Sie sind mutig genug, um Ihre Handlungen von diesen bestimmen zu lassen.

Immanuel Kant, einer der wichtigsten westlichen Philosophen der Moderne, beschreibt dies als den

»Ausgang des Menschen aus seiner selbst verschuldeten Unmündigkeit.«[8]

Zu leicht ordnen wir unseren Willen dem Willen anderer unter, denn es mangelt uns an Entschlossenheit, eigene Wege zu gehen.

In seinem bahnbrechenden Essay »Was ist Aufklärung?« aus dem Jahr 1784 stellt Kant ein Motto für die Bewegung der Aufklärung vor, die damals durch Europa ging: »Habe Mut, dich deines *eigenen* Verstandes zu bedienen!«[9] Mit harschen Worten verurteilt Kant die »Faulheit und Feigheit«, die dazu führten, dass viele Menschen wie »Hausvieh« lebten, das sich davor fürchtet, einen einzigen Schritt zu tun »außer dem Gängelwagen, darin sie sie einsperrten.«[10] Selbst extrem erfolgreiche Menschen sind bloß erfolgreiches Hausvieh, wenn sie nicht selbst die Bedingungen des Erfolgs bestimmt haben und nicht ihrem Herzen folgen. Wie Löwen, welche die Peitsche fürchten, springen sie auf Kommando durch Ringe. Kants Appell war ein Schlachtruf für die Freiheit des Geistes: die Fähigkeit, in allen Belangen unseren eigenen Verstand zu gebrauchen, für unsere eigenen Lebensentscheidungen einzustehen und unseren eigenen Lebensweg zu finden.

Im Geiste der Aufklärung ist das Ziel dieses Buches, Ihnen zu helfen, der Mensch zu werden, der Sie sind. Sie haben einen Geist, aber haben Sie ein Selbst? Und ist dieses Selbst etwas, das Sie eigenmächtig bestimmt haben?

Ich möchte Ihnen helfen, dieses Selbst aufzubauen, genauer zu wissen, wer Sie sind und was Ihnen wichtig ist.

In den Worten des Autors Bill Deresiewicz: Ich möchte Ihnen helfen, herauszufinden, »nicht nur, wer Sie sich wünschen zu sein, sondern wer Sie bereits sind, unter all den Dingen, die andere Ihnen eingeredet haben.«[11] Deresiewicz erklärt, dass jeder von uns mit einem Verstand geboren wird, aber erst durch den »Akt der Introspektion, der Selbstbetrachtung, des Etablierens einer Kommunikation zwischen Verstand und Herz, dem Verstand und der Erfahrung« zu »einem Individuum, einem einzigartigen Wesen – einer Seele« wird.[12]

Ich möchte Ihnen helfen, für einen Augenblick aus dem Hamsterrad auszubrechen, um zu erkennen, was für ein wahnsinniges Wettrennen da stattfindet und welche Möglichkeiten außerhalb des Wettrennens auf Sie warten. Nehmen Sie sich Zeit, einmal durchzuatmen und abzuschalten, um herauszufinden, »was es wert ist, gewollt zu werden.«[13]

Die Ziele dieses Buches lassen sich in zwei Schritten zusammenfassen:

Schritt 1: Machen Sie sich frei von sämtlichen unnötigen Erwartungen und Ängsten. Das ist die Aufgabe von Teil 1: Abschied vom Ego sowie Teil 2: Abschied von Erwartungen.

Schritt 2: Wenn Sie sich davon befreit haben, verfolgen Sie die Ziele, die Ihnen im Leben wichtig sind. Dieser Aspekt wird aufgegriffen in Teil 3: Beginnen Sie, Ihr eigenes Leben zu leben.

Die Quintessenz des Rezepts für ein glückliches Leben steckt in diesen zwei Schritten und enthält all das Wissen, das ich über die Jahre erlangt habe, rund um die Frage, wie man sein Leben leben sollte; ich habe psychologische Studien durchgeführt, die Klassiker von Aristoteles über Marcus Aurelius bis zu Lao Tsu und Konfuzius gelesen und – das Wichtigste – ich bin durch Finnland getrampt, habe Rockfestivals besucht und auf meinen Reisen viele Legenden getroffen. Sie werden lesen, wie mir eine Kellerparty mit Philosophiestudierenden die Augen öffnete, und davon, was passierte, als ich einst in der abgelegenen Stadt Kajaani in eine Karaokebar spazierte, und Sie werden erfahren, was mein Großvater in den Schützengräben im Zweiten Weltkrieg während der Invasion der Sowjetunion lernte. Ich werde Ihnen die verlässlichsten Wegweiser, die ich finden konnte, an die Hand geben, damit Sie mit solidem Kurs auf Ihr Ziel eines glücklichen Lebens zusteuern können.

Hier stehen wir nun also, in genau diesem Augenblick. Sie sind bis hierhin gekommen, mit den Worten von Deresiewicz ausgedrückt, »geprägt durch alle Denkarten und Gefühle, welche die Welt Ihnen seit Ihrer Geburt eingeträufelt hat: all die Mythen, Geschichten, Glaubenssätze, Annahmen, Werte, die heiligen Worte.«[14]

Während Ihr derzeitiges Weltbild Sie dorthin gebracht hat, wo Sie sich jetzt sind, halten Teile dieses Weltbildes Sie zurück, wie ein unsichtbarer Käfig, der Sie in Ihren Träumen und Entscheidungen hemmt.

Ich möchte Ihnen helfen, sich von diesen Beschränkungen zu befreien, damit Sie in der Lage sind, die Ziele und Werte zu bestimmen, die Ihnen wirklich wichtig sind und die Sie mit Herz und Seele realisieren möchten.

Doch bevor wir feststellen können, was diese bedeutenden Dinge in Ihrem Leben sind, müssen wir ein paar Hindernisse aus dem Weg räumen. Denn oft ist das Problem nicht, dass wir nicht wissen, was uns im Leben wichtig ist, sondern dass uns tief eingeprägte, falsche kulturelle Vorstellungen zurückhalten. Deshalb werden Sie in den folgenden Kapiteln üben, Dinge zu *verlernen*, indem Sie aufhören, sich um Sachen zu sorgen, um die Sie sich nicht sorgen sollten: die Meinungen anderer, Ihre Vergangenheit, Ihre Zukunft und ja, sogar Ihr eigenes Streben nach Glück. Denn, auch wenn diese Vorstellungen Sie fest im Griff haben, sind sie vollkommen unwichtig. Sie müssen Akzeptanz lernen, um den Raum für Begeisterung zu schaffen. Letzten Endes erreichen Sie nur so – wenn Sie das Leben annehmen und es gleichzeitig voller Begeisterung leben – einen Zustand, in dem Sie sowohl zufrieden mit der Gegenwart sind, als auch ausreichend Energie haben, um eine bessere Zukunft für Sie selbst und die Menschen um Sie herum anzustreben.

Teil 1

Abschied vom Ego

KAPITEL 1

Denken Sie nicht ständig über Ihr eigenes Glück nach

Sie wollen glücklich sein? Besser nicht. Ich sage nicht, dass Sie nicht glücklich *sein* sollen. Sondern, dass Sie nicht danach *streben* sollten. Es ist vollkommen okay, glücklich zu sein, wenn sich die Gelegenheit bietet. Ich selbst war schon glücklich. Doch Glück ist ein ziemlich schlechtes Lebensziel.

In den vergangenen Dekaden hat sich in der westlichen Welt eine wahre Glücksobsession eingestellt. Die Suche nach Glück wurde zu einer eigenen Industrie, mit jährlichen Ausgaben für mentales Wohlbefinden in Höhe von 130 US-Dollar.[15] Konzerne wie Amazon, Google und SAP stellen sogenannte »Chief Happiness Officers« ein, und die Vereinigten Arabischen Emirate haben sogar seit 2016 ein Ministerium für Glück. Zeitungen und YouTube-Influencer:innen versprechen »fünf Tricks zum Glücklichsein«, während Werbekampagnen uns glückliche Gesichter zeigen, die uns auffordern, ein »Happy Meal« zu kaufen oder »Happiness« auszupacken! Und selbst westliche Kinderbücher weisen im Vergleich zu ostasiatischen Kinderbüchern deutlich mehr freudige Gesichter mit breitem Lächeln auf, wodurch Kinder das Gefühl erhalten, ständig glücklich sein zu müssen.[16]

»Good vibes only« klingt vielleicht nach einem harmlosen Slogan, aber in Wahrheit handelt es sich dabei nur um eine andere Art, uns vorzuschreiben, wie wir uns fühlen sollen. Der Slogan setzt uns unter Druck, alle negativen und traurigen Gefühle vor anderen zu verbergen. Toxische Positivität hoch drei.

All das hat dazu geführt, dass Glücklichsein inzwischen eine kulturelle Norm und ein selbstverständliches Lebensziel ist.[17] Wollen wir nicht alle glücklich sein? Sollten wir nicht nach mehr Glück und Zufriedenheit in unserem Leben streben? Glück ist zur Heiligen Kuh unseres Zeitalters geworden, und wir alle sind bereit, unzählige Opfer zu bringen, um diesem lächelnden Götzenbild zu gefallen.

Glücklichsein hat zweifelsohne viele Vorteile. Positive Gefühle befreien unseren Geist und beflügeln unsere Fantasie.[18] Mit anderen zu lachen oder zu lächeln, sorgt für zwischenmenschliche Verbindungen.[19] Und Glücklichsein verbessert womöglich auch unsere Gesundheit.[20] Abgesehen davon – und das brauche ich im Grunde gar nicht erwähnen – fühlt es sich gut an, wenn wir glücklich sind.

Doch während Glücklich*sein* gut für uns ist, kann das *Streben* nach Glück uns tatsächlich schaden.

Die Diktatur der toxischen Positivität, die sämtliche negativen Gefühle verbietet, ist schädlich. Professor Adam Grant hat den Stand der Wissenschaft wie folgt zusammengefasst: »Es gibt gute Gründe für die Annahme, dass die Suche nach Glück ins Unglück führt.«[21]

Lassen Sie sich nicht von falschen Prophet:innen reinlegen. Geben Sie nicht die guten Dinge im Leben für die vergebliche Hoffnung, glücklicher zu werden, auf – das kann sehr gefährlich sein. Hier liefere ich Ihnen vier Gründe, warum Sie nicht nach Glück streben sollten.

1. Sie suchen Glück an den falschen Orten

Wenn Sie an ein glückliches Leben denken, welche Bilder sehen Sie dann vor sich? Womöglich denken Sie an Yachten und Champagner, an teure Urlaubsresorts mit Infinity-Pools und an jene inszenierten und gefilterten Fotos eines Luxuslebens auf Instagram. Kurzum: Sie assoziieren Reichtum mit Glück.

Das ist keineswegs überraschend, schließlich haben die Unternehmen, welche diese Produkte verkaufen, Milliarden für Werbekampagnen ausgegeben, die Glück mit materiellen Werten gleichsetzen – mit dem Ziel, dass wir vergessen, dass viele zentrale Glücksquellen kein Geld kosten: zum Beispiel die Umarmung eines lieben Menschen, den Sie lange Zeit nicht gesehen haben, mit Ihren Kindern im Park zu spielen oder mit Ihrer Familie eine Wanderung durch den nahegelegenen Wald zu machen. Unternehmen wir etwas mit den Menschen, die uns etwas bedeuten, dann ist das normalerweise der beste Weg, um glücklich zu sein – und das muss keineswegs Geld kosten. Die glücklichsten Momente sind jene, in denen wir uns der jeweiligen Erfahrung so sehr hingeben, dass wir nicht einmal mehr daran denken, ein Foto zu machen.

Das ist auch schon das erste Problem unserer Suche nach dem Glück. Denn diese veranlasst uns dazu, einem engen kulturellen Skript zu folgen, das auf materialistische Ziele ausgelegt ist. Wir wollen ein größeres Haus, ein größeres Auto, die neuesten elektronischen Gadgets oder Urlaub unter Palmen. Professorin Jean Twenge, Expertin für Generationsunterschiede, ist angesichts des umgreifenden Materialismus alarmiert: »Im Vergleich zu früheren Generationen scheint es, als würden die aktuellen Schulabsolventen und Schulabsolventinnen in erster Linie nach Geld und schönen Dingen streben und eher nicht bereit sein, hart zu arbeiten, um diese zu verdienen.«[22]

Wenn Sie wie diese 62 Prozent Schulabsolvent:innen ticken, die meinen, es sei wichtig, viel Geld zu haben,[23] dann muss ich Ihnen leider Folgendes sagen: Mit diesem Ziel befinden Sie sich nicht auf dem Weg ins Glück. Viele Studien haben gezeigt, dass Menschen, die nach dem Dreiergespann aus Geld, Ruhm und gutem Aussehen streben, weniger glücklich sind als jene Menschen, die in ihrem Leben wertvollere Ziele gefunden haben (dazu später mehr).[24] Geld ist natürlich ein nützliches Werkzeug, das uns helfen kann, viele wichtige Ziele im Leben zu erreichen, und es kann uns zudem ein Gefühl von Komfort und Sicherheit geben; wenn Sie jedoch Geld zu Ihrem Lebensziel erklären, dann zäumen Sie das Pferd von hinten auf. Als Aufwärmübung spielen Pianist:innen Tonleitern. Das mag eintönig sein, ist aber nötig, um irgendwann in der Lage zu sein, Beethovens Sonaten und andere Meisterwerke zu spielen. Geld als Ziel im Leben zu haben, ist so, als wäre Ihr einziges Ziel, Tonleitern spielen zu können: Das ist eintönig, und Sie verpassen die Dinge, die Ihrem Leben Schönheit verleihen.

2. Der Versuch, maximales Glück zu erreichen, schmälert es ironischerweise

Stellen Sie sich vor, Sie sehen ein kurzes Video, in dem eine berühmte Eiskunstläuferin eine Goldmedaille gewinnt. Das Publikum jubelt, und die Eisläuferin freut sich gemeinsam mit ihrer Trainerin. Würde es Sie glücklich machen, einen solchen Mitschnitt zu schauen? Wahrscheinlich schon, denn diese Art Video löst bei den Betrachtenden positive Gefühle aus. Doch hier kommt die Crux: Bevor Wissenschaftler:innen den Film im Rahmen einer Studie den Teilnehmenden zeigten, baten sie die Hälfte von ihnen, folgende Aussage zu lesen: »Glück fühlt sich nicht nur gut an, sondern es bringt auch wichtige Vorteile mit sich: Je glücklicher Menschen sind, desto wahrscheinlicher werden sie erfolgreich, gesund und beliebt.«[25]

So gemein! Tatsächlich brachten die Wissenschaftler:innen die Menschen auf diese Weise dazu, *Glück mehr Bedeutung beizumessen,* mit dem Ziel, zu sehen, inwieweit dies ihre Gefühle beeinflusst, nachdem sie das Video angeschaut haben. Sie fanden heraus, dass es sie tatsächlich beeinflusste, denn all diejenigen, die im Vorhinein die Aussage gelesen hatten, waren nach dem Video nicht so glücklich wie die anderen Teilnehmenden. Anders ausgedrückt: Glück mit Bedeutung aufzuladen, sorgte dafür, dass sie weniger Glück empfanden. Der Grund: Sie gaben an, von ihren eigenen Gefühlen enttäuscht zu sein. Vielleicht lächelten sie leicht, als sie die begeisterte Eiskunstläuferin sahen, aber sie hätten gern mehr Glücksgefühle aufgrund des Films empfunden, und genau das sorgte bei ihnen für Frustration.

Deshalb ist das Streben nach Glück so gefährlich. Studien zeigen, dass Menschen, die Glück mehr Bedeutung beimessen, im Schnitt weniger glücklich sind als solche, die nicht so viel über das Glücklichsein nachdenken.[26]

Die Opfer unserer modernen Glücksobsession sind so sehr damit beschäftigt, ihre Freude zu optimieren, dass sie nicht mehr zur Ruhe kommen und zufrieden sein können.

Der Autor Eric Weiner nennt diese Menschen »hedonistic floaters« (hedonistisch Treibende), denn ihr »ewiges Streben nach Glück« nimmt ihnen die Fähigkeit, sich einer Sache vollkommen zu widmen, sei es nun Ehe oder Karriere.[27] Es gibt Menschen, die zehn Jahre in einem Haus leben, es aber nicht Zuhause nennen können, weil sie neurotisch den Wohnungsmarkt im Auge behalten, auf der Suche nach besseren Optionen. Leider stellt sich ein beständiges Glücksgefühl jedoch meistens erst ein, wenn man langfristige Verpflichtungen oder Bindungen eingeht, wenn man in der Lage ist, zu entspannen und den Moment zu genießen – genau die Dinge, die wir durch unsere Glücksobsession verpassen.

3. Wenn Sie sich ausschließlich auf Ihr Glück konzentrieren, werden Sie egoistisch und einsam

Einmal habe ich einen Mann gesehen, der ein T-Shirt mit folgender Aufschrift trug: »Heute bin ich glücklich, also halt den Mund und lass mich in Ruhe.« Dieser Satz fasst geschickt zusammen, was so gefährlich an unserer Auffassung von Glück ist – die westliche Vorstellung von Glück ist so ichbezogen, dass wir uns schnell ausschließlich auf uns selbst konzentrieren. Robert Ringer erklärt in seinem 1977 erschienen Bestseller *Looking out for number one*, wie man beginnen sollte, wenn man Nummer 1 werden will:

»Glauben Sie daran, dass Sie moralisch berechtigt sind, so zu handeln, dass Sie das größtmögliche Glück und den kleinstmöglichen Schmerz erfahren«.[28]

Die Tatsache, dass sich dieser Motivationsratgeber zwei Millionen Mal in den USA verkaufte, zeigt, wie reizvoll das Anpreisen von Eigeninteresse und dem Streben nach dem »größtmöglichen Glück« für einen selbst ist.[29]

Leider bekommt man für zu viel Nabelschau und Egozentrismus irgendwann die Quittung. Eine Studie fand Folgendes heraus: Je wichtiger Glück für Menschen war, desto einsamer fühlten sie sich.[30] Ein Grund dafür wurde in einer anderen Studie aufgedeckt, die zeigte, dass sich glückliche Menschen eigennütziger verhalten als traurige Menschen.[31] Konzentrieren wir uns ausschließlich auf uns selbst und unser eigenes Glück, verlieren wir den Kontakt zu anderen Menschen. Am Ende leben wir nur um unserer selbst willen, wie Robert Putnam den modernen Zustand der amerikanischen Gesellschaft in seinem Bestseller *Bowling Alone: The collapse and revival of American community*[32] beschreibt. Positivität ist extrem toxisch, wenn wir einen Freund oder eine Freundin, die eine schwere Zeit durchmachen, aus unserem Leben ausschließen, weil sie »schlechte Stimmung« verbreiten. Das Opfern von Freundschaften auf dem Altar des Glücks ist womöglich die schlimmste Folge unserer modernen Obsession.

4. Unvermeidbare Momente der Traurigkeit werden durch die toxische Positivität unerträglich

Ich habe in meinem Leben schon geweint. Mehrere Male. Und Sie hoffentlich auch, denn in Ihrem Leben gab es Augenblicke, in denen etwas Trauriges passiert ist und Sie weinen mussten. Die natürliche und gesunde Reaktion in solchen Situationen ist es, sich traurig zu fühlen – und manchmal ist Traurigkeit so überwältigend, dass wir in Tränen ausbrechen und diese kaum stoppen können.

Der Glaube daran, dass wir glücklich sein sollen, wird besonders problematisch, wenn wir unglücklich sind.

Und – ob Sie es nun glauben oder nicht – jeder Mensch ist irgendwann einmal unglücklich. Niemand geht ohne Enttäuschungen durch das Leben, ohne den Verlust geliebter Menschen oder die Erfahrung, zu scheitern. Wenn wir uns um etwas sorgen, dann setzen wir uns dem traurigen Verlust dieser Sache aus. Traurigkeit ist somit der Preis, den wir zahlen, wenn wir jemanden geliebt haben, wenn wir uns getraut haben, unsere Träume zu verfolgen. Und trotzdem ist es »besser, geliebt und jene Liebe verloren zu haben, als niemals überhaupt geliebt zu haben«,[33] wie Alfred Tennyson es so treffend und elegant formuliert hat.

Unglücklich zu sein, ist vollkommen menschlich. Also sollten Sie sich besser daran gewöhnen. Wenn Ihnen allerdings eingeredet wurde, dass *jeder Mensch glücklich sein sollte*, dann sind die unausweichlichen

Momente, in denen wir unglücklich sind, noch schwerer zu ertragen, denn Sie fühlen sich nicht nur traurig, sondern sind zudem an der großen Aufgabe, glücklich zu sein, gescheitert. Sie sind traurig *und* gescheitert. Studien zeigen, dass sich viele von uns von der Gesellschaft unter Druck gesetzt fühlen, ja nicht traurig zu sein – und genau die Menschen, die diesen Druck spüren, neigen dazu, sich trauriger zu fühlen.[34] Dieser gesellschaftliche Druck ist vor allem in westlichen Ländern verbreitet und führt dazu, dass die Menschen depressiver sind, sich selbst negativer einschätzen und nach einem Scheitern länger grübeln.[35]

Wie in der Einleitung erwähnt, wurde Finnland 2018 in der internationalen Presse als glücklichstes Land weltweit gefeiert, worauf die Finn:innen selbst die gesamte Umfrage infrage stellten.[36] Sie wollten diese Lobeshymne nicht akzeptieren. Glücklichsein gehört nicht zu ihrem kulturellen Selbstbild. Stattdessen neigen Finn:innen dazu, sich als introvertierten, leicht melancholischen Menschenschlag anzusehen, dessen Gefühlsleben gut zu traurigen Tangos und Heavy Metal passt: Finnland hat pro Kopf gerechnet die meisten Heavy-Metal-Bands auf der ganzen Welt[37], während finnische Versionen nostalgischer argentinischer Tangos, in denen jemand einer verlorenen Liebe nachtrauert, inzwischen zum festen Inventar unserer nationalen Musikszene gehören und von Finn:innen gemeinsam gesungen werden, sobald sie ein paar Drinks intus haben. Paradoxerweise kann genau dies ein entscheidender Faktor in der Glücksfrage sein. Da die Glücksobsession in Finnland nicht so stark ausgeprägt ist wie etwa in den USA, könnte diese Fähigkeit, traurige Emotionen als Teil des Lebens zu akzeptieren – und sie in Heavy-Metal-Songs laut herauszubrüllen –, die Menschen in Finnland tatsächlich glücklicher machen.

Aus diesen Gründen ist die gegenwärtige Glücksobsession so gefährlich. Sie sorgt dafür, dass die unausweichlichen, traurigen Momente im Leben unerträglich erscheinen. Sie nimmt uns die Fähigkeit, mit Rückschlägen, Frustrationen und Tragödien umzugehen.

Letzten Endes ist Glück nur ein Gefühl – und ein Gefühl sollte uns nicht den Schlaf rauben.

Glück als Thermometer

Ich bin der Meinung, am besten stellt man sich Glück als eine Art Thermometer vor. Die finnischen Winter sind kalt und dunkel, mit monatelangem Frost. Somit ist es lebenswichtig, die Häuser warm zu halten. Ein Thermometer erweist sich da im Haus als äußerst hilfreich: Wenn es eine zu niedrige Temperatur anzeigt, weiß man, dass etwas nicht stimmt. Vielleicht hat jemand die Tür offen gelassen, ein Fenster schließt nicht richtig oder das Feuer ist ausgegangen. Das Thermometer warnt uns, dass etwas repariert oder in Ordnung gebracht werden muss, und signalisiert uns, dass wir einen Weg finden müssen, um die Temperatur wieder ansteigen zu lassen.

Was wir jedoch nicht tun, wenn das Thermometer eine niedrige Temperatur anzeigt, ist, das Thermometer selbst zu reparieren. Das Gleiche gilt für Glück.

Menschliche Emotionen gibt es aus einem guten Grund, denn unser Körper zeigt uns mithilfe dieser Emotionen an, ob alles okay ist oder ob etwas unsere Aufmerksamkeit erfordert.[38] (Mehr zum Thema Emotionen in Kapitel 3.) Ein knurrender Magen zeigt uns an, dass es an der Zeit ist, sich auf Nahrungssuche zu begeben. Traurigkeit deutet darauf hin, dass wir etwas, das uns am Herzen liegt, verloren haben. Begeisterung lässt uns wissen, dass wir das, was wir gerade tun, auch in der Zukunft wahrscheinlich öfter tun sollten. Emotionen können uns extrem wichtige Informationen liefern, die wir beachten sollten. Ist dieses System emotionaler Signale kaputt, treten verschiedene Probleme auf. Extrem fröhliche Menschen neigen beispielsweise dazu, sich riskanter zu verhalten und weniger auf ihre Gesundheit und Sicherheit zu achten.[39] Wenn Sie den Mount Everest erklimmen wollen, wird Sie zu viel Optimismus sehr wahrscheinlich Ihr Leben kosten. So erging es

Maurice Wilson, der 1934 den höchsten Berg der Erde besteigen wollte und sich dabei allein auf seinen Glauben anstatt auf Bergsteigerkenntnisse verließ. Seine Leiche fand man im darauffolgenden Jahr, weit entfernt vom Gipfel. Man sollte in Situationen, die eher Stress, Angst oder Panik auslösen, weder Freude noch Optimismus empfinden; ist dem dennoch so, ist unser emotionales Signalsystem defekt.

Glück sollten wir – wie ein Thermometer – als hilfreiche Skala ansehen. Ist der angezeigte Wert zu niedrig, heißt es, dass etwas in unserem Leben womöglich nicht in Ordnung ist. Etwas zieht uns herunter, und das niedrige Glücksthermometer warnt uns: Es ist an der Zeit, die Ursache für diesen Zustand zu finden. Wir sollten also auf dieses Glücksthermometer achten, denn es zeigt uns an, welche Dinge unser Leben besser und welche es schlechter machen.

Nutzen Sie dieses Werkzeug – als ein in Ihrem Gehirn eingebautes System, das Ihnen mithilfe von emotionalen Signalen anzeigt, ob Sie Dinge lieber meiden oder anstreben sollten. Muss die Umgebung allerdings verändert werden, dann sollten Sie sich nicht nur auf das Thermometer konzentrieren. Auch im realen Leben ziehen Sie einfach eine Jacke an, wenn die Temperatur sinkt, und fangen nicht an, Wärme zu produzieren oder die Kälte zu unterdrücken.

Glück ist ein Werkzeug, ein Wert, den man messen kann, und wenn Ihr Glücksthermometer einen niedrigen Wert anzeigt, sollten Sie Maßnahmen ergreifen. Aber Glück ist nicht das Ziel.

Die besten Dinge im Leben erreichen Sie auf Umwegen

Das Paradoxe ist: Je stärker unsere Glücksobsession ist, desto einsamer und *weniger* glücklich werden wir, und wir sind nicht imstande, die unausweichlichen Rückschläge im Leben zu verarbeiten. Wir sind permanent enttäuscht von unseren eigenen Gefühlen. Wir *wollen* glücklich sein, weil unsere Gesellschaft uns vorschreibt, dass wir glücklich sein *sollen*. In unserem Eifer, das Maximum an Glück aus jeder einzelnen Situation herauszuholen, haben wir die Fähigkeit verloren, das Leben so zu genießen, wie es ist.

Wenn wir vergessen, dass Glück lediglich ein Gefühl ist, dann können wir uns täuschen lassen und beginnen, es als heiliges Lebensziel anzubeten.

Doch auch als Gefühl ist Glück etwas, das wir gerne hätten. Schließlich fühlt es sich gut an. Wenn man Glück also nicht direkt durch den Versuch, es zu optimieren, erhält, gibt es dann alternative Wege, die zum Glück führen?

Der Ökonom John Kay hat ein ganzes Buch darüber geschrieben, wie viele Ziele im Leben, in der Geschäftswelt, Politik und im Sport nicht erreicht werden, wenn man sich allein auf das Ziel selbst konzentriert, statt auf andere Dinge.[40] Im Geschäftsleben lässt sich der Gewinn nur sehr selten maximieren, wenn dies das einzige Ziel eines Unternehmens ist. Ein derartig einseitiger Fokus sorgt vielmehr für unmotivierte Mitarbeiter:innen und schreckt die Kund:innen ab. Ein Unternehmen, das sich aufrichtig für Angestellte und Kund:innen interessiert, das sein Produkt mit Begeisterung und Stolz herstellt und vertreibt, wird einen höheren Gewinn machen. Paradoxerweise erreicht man einen maximalen Gewinn am besten auf indirekte Weise. Sie müssen das so sehen: Es gibt nichts Uncooleres als eine Person, die verzweifelt versucht, cool zu sein, während die Menschen, die das Glück haben, sich nicht darum zu scheren, was andere von ihnen halten, eine unfassbar coole Ausstrahlung haben. *Versuchen* wir den neuesten Trends zu folgen, haben wir bereits verloren. Viele Ziele im Leben erreicht man am besten auf Umwegen. Glück ist eindeutig eins dieser Ziele.

Je mehr Bedeutung wir Glück beimessen, desto verzweifelter versuchen wir, es zu erreichen, desto besessener werden wir und desto weiter rückt es in die Ferne.

Die Psychologin Susan David stellt fest, dass »wahres Glück durch die Aktivitäten entsteht, die wir aufgrund der Aktivität selbst ausüben und nicht aus irgendeinem extrinsischen Grund, selbst wenn dieser Grund ein scheinbar gut gemeinter wie der Wunsch, glücklich zu sein, ist.«[41] Der Philosoph John Stuart Mill erkannte dies vor 150 Jahren, wie seine Autobiografie verrät: »Nur jene sind glücklich, die sich auf etwas, das nicht ihr eigenes Glück ist, konzentrieren; auf das Glück anderer, auf das Verbessern der Menschheit, ja gar auf Kunst oder auf ein Ziel, das sie als Weg betrachten und nicht als idealen Endpunkt. Strebt man nämlich nach etwas anderem, so findet man unterwegs das Glück.«[42]

Wenn Sie glücklich sein wollen, hören Sie auf, danach zu streben. Im nächsten Kapitel lernen Sie, sich gesündere Lebensziele als die Obsession mit einem Thermometer zu setzen.

KAPITEL 2

Kümmern Sie sich nicht darum, was andere über Sie denken

Während einer Forschungsreise in eine winzige, weit abgelegene Stadt mitten in Finnland entschied ich, in einer Karaokebar neben meinem Hotel abends noch ein Bier trinken zu gehen. Nachdem ich mir ein paar Auftritte angehört hatte, war ich in Stimmung und beschloss, mit einem bekannten, melancholischen, finnischen Tango namens *Satumaa* auf die Bühne zu gehen. Die Sängerin dieses Titels sehnt sich nach einem weit entfernten Land, jenseits des Ozeans, in dem alles gut sein würde, das aber nur Vögel erreichen können. Nach meinem Auftritt (den ich als mittelmäßig einstufen würde) wollte mir ein anderer Gast ein Bier ausgeben, weil ihn der Song so berührt hatte. Dann fragte er mich, was ich als Nächstes singen würde. Bis in die frühen Morgenstunden blieb ich in der Bar, wo wir – die rund zehn Gäste – Lieder mit einer Leidenschaft sangen, die weit über unser Können hinausreichte. Dennoch applaudierten und ermutigten wir einander voller Begeisterung nach jedem einzelnen Auftritt.

Die Essenz der finnischen Kultur steckt in einer japanischen Erfindung. Reist man in ein abgelegenes Dorf irgendwo in Finnland, in dem es nur eine Bar und eine Tankstelle gibt, so stehen die Chancen gut, dass in dieser Bar lediglich ein paar Tische und ein Karaokemikrofon stehen. Obwohl Finn:innen als eher schüchtern und introvertiert gelten, stellen sie sich erstaunlich bereitwillig vor ein fremdes Publikum und singen drauf los. Anders als bei der japanischen Version, wo man in abgetrennten Räumen im Freundeskreis singt, findet der Auftritt in Finnland mitten in der Bar statt, sodass alle ihn mitbekommen. Und wenn Sie meinen, alle, die mitmachen, seien gute Sänger:innen, dann liegen Sie falsch. In finnischen Karaokebars herrscht eine überraschend liberale »Alles darf«-Mentalität. Man hört vielleicht eine semi-professionell anmutende Version von Aerosmiths

I Don't Want to Miss a Thing, die so gut ist, dass man danach den Interpreten fragt, in welcher Band er singt (wie es mir kürzlich passierte), und danach betritt eine Amy Winehouse die Bühne, die nur den halben Text und kaum die Melodie des Songs kennt. Das Talentspektrum reicht von »Ich kann nicht glauben, was ich höre« bis zu »Ich kann nicht glauben, was ich höre«, aber niemanden kümmert das. Beide Auftritte werden den gleich lauten Applaus und die gleich starke Unterstützung vom Publikum ernten. Einer meiner besten Freunde erinnerte mich neulich daran, dass ich »objektiv gesehen« kein guter Sänger sei – aber wenn ich Karaoke singe, ist das Publikum immer auf meiner Seite. Niemand schämt sich in einer finnischen Karaokebar.[43]

Scham hat eine unglaubliche Macht. Häufig geht Schönheit in unserem Leben verloren, wenn sie uns davon abhält, uns frei auszudrücken – indem wir singen, indem wir mit einem interessanten Menschen sprechen, unseren Mund öffnen oder unseren Körper bewegen, ohne Angst zu haben. Tanzen, als würde niemand uns zusehen – so sähe eine Welt ohne Scham aus.

Die Erwartungen anderer hindern uns daran, authentisch zu leben. Statt auf uns selbst zu hören und das einzufordern, was wir möchten, hören wir auf andere und treffen die Entscheidungen, die ihnen passen. Statt unseren Träumen zu folgen, konzentrieren wir uns auf den äußeren Schein: Wir leben ein Leben, das auf Fotos traumhaft aussieht. Posieren statt leben. In den Augen anderer gut auszusehen, ist inzwischen so wichtig geworden, dass wir vergessen, auf unsere innere Stimme zu hören.

Aus Gewohnheit gehorchen Sie anderen

Die Erwartungen anderer sind unvermeidbar. Manchmal sind sie sehr konkret, wie bei den Eltern eines ehemaligen Schulfreunds, die ihm eine Wohnung im Zentrum von Helsinki kauften. Die einzige Bedingung war, dass er sein Jurastudium abschließen sollte (welches er abbrechen wollte, um als Künstler Fuß zu fassen). Oft sind die Erwartungen jedoch subtiler: ein anerkennendes Nicken von Ihrem Vater, weil Sie eine kluge, komplizierte Entscheidung getroffen haben, ein kurzes Zucken im Gesicht Ihrer Mutter, wenn Sie ihr erzählen, was Ihr neuer Freund oder Ihre neue Freundin beruflich macht. Einer meiner Freunde aus der Schulzeit war in seinen Dreißigern recht erfolgreich; unter anderem arbeitete er für die Europäische Zentralbank und als Finanzberater in der Schweiz, aber er fühlte sich innerlich leer. Einer seiner Freunde meldete ihn zu einer Therapiesitzung an, fuhr ihn hin und ignorierte die Proteste des Betroffenen. Innerhalb von Minuten hatte der Therapeut meinen Freund durchschaut, ihm geholfen, zu erkennen, dass er eine dominante Mutter hatte, die immer meinte zu wissen, was das Beste für ihre Kinder sei und welche Werte und Einstellungen

sie verinnerlichen sollten. Und wie er deshalb zu einem perfektionistischen Streber wurde, der immer genau das tat, was von ihm erwartet wurde, aber sich selten traute, nach den Dingen zu streben, die er sich selbst wünschte. Diese Erkenntnis war der Beginn einer Transformation. Nach ein Paar Exkursen als Wildnisführer in Lappland und Sonderberater eines Ministers erlernt er nun den Beruf des Uhrmachers und hat erst vor Kurzem seine erste, handgemachte Armbanduhr hergestellt – ein Beruf, über den er in der Schule immer schon begeistert gesprochen hatte.

Neben unseren Eltern saugen wir Erwartungen von Verwandten, Freund:innen, Nachbar:innen, Mitschüler:innen, Kolleg:innen auf – ja sogar von Menschen, denen wir nur kurz und zufällig begegnen. Und dann sind da die Medien. In Filmen, TV-Serien, Zeitschriften und Sozialen Netzwerken sehen wir, wie wir uns idealerweise kleiden und verhalten sollen.

Leider neigen wir Menschen stark dazu, die Erwartungen anderer zu verinnerlichen, sodass sie schnell zu unseren eigenen Erwartungen werden und unsere Lebensziele maßgeblich prägen.

In dem Forschungsbereich, der sich mit der menschlichen Motivation beschäftigt, spricht man von »interner Kontrolle«. Es gibt zwei grundlegende Arten von kontrollierter Motivation: äußere und innere Kontrolle.[44] In beiden Fällen tun wir Dinge nicht, weil wir es wollen, sondern weil wir das Gefühl haben, sie tun zu *müssen*.[45]

Äußere Kontrolle ist einfach zu verstehen: Hält man einer Person eine Pistole vors Gesicht, wird sie sehr wahrscheinlich das tun, was man von ihr verlangt. Nüchtern ausgedrückt, geht es hierbei um die Anreize und Abschreckungen, die Menschen nutzen, um ein bestimmtes

Verhalten bei anderen hervorzurufen. Geld ist ein attraktives Lockmittel, ebenso Anerkennung und Lob. Analog sind Strafzettel und andere finanzielle Strafen effektive Mittel der Abschreckung. Gleiches gilt für gesellschaftliche Missbilligung, Ausgrenzung, Zorn und Spott. Bei der äußeren Kontrolle dreht sich alles um die Karotte und den Stock, die den Esel in die richtige Richtung lenken.

Innere Kontrolle ist dezenter. Es geht darum, dass wir uns zu bestimmten Dingen zwingen und uns selbst mit Schuldgefühlen und Scham bestrafen, sofern wir diese Dinge nicht tun. Bei innerer Kontrolle haben wir die gesellschaftlichen Erwartungen so tief verinnerlicht, dass wir uns selbst zwingen, ihnen zu entsprechen, ohne dass jemand anderes uns dazu bringen muss.

Für unser Überleben war das Verinnerlichen gesellschaftlicher Normen essenziell.

Die Fähigkeit des Menschen zur Zusammenarbeit ist im Tierreich einzigartig – das Ergebnis des selektiven Ausmerzens der Arten, die zu aggressiv für Kooperation sind, und des Überlebens derer, die den Stammesnormen gehorchen. Moderne Evolutionsforschung hat gezeigt, dass die Menschen in der jüngeren Evolutionsgeschichte einen Prozess der Selbstdomestizierung durchlaufen haben.[46] Wir haben den Wolf domestiziert, die weniger aggressiven und stärker kooperativ veranlagten Exemplare ausgewählt, die schließlich zum modernen Haushund führten. Doch erst kürzlich haben Wissenschaftler:innen erkannt, dass wir dasselbe mit unserer eigenen Spezies gemacht haben: Wir haben die weniger aggressiven, dafür umso kooperativeren Menschen ausgewählt. Unsere Kiefer sind schwächer, unser Verhalten ist gehorsamer geworden. In Stämmen, in denen Mitglieder, die zu dominant oder aufmüpfig waren, ausgegrenzt, bestraft oder manchmal sogar von anderen Mitgliedern getötet wurden, hatten diejenigen, die den Normen Folge leisteten, bessere Überlebenschancen. Damit man alt genug wurde, um Kinder zu bekommen, musste man sich entweder anpassen oder wurde ausgestoßen. So funktioniert evolutionärer Druck.

Das Problem mit kontrollierter Motivation ist, dass kein Raum bleibt für autonome Motivationen, bei denen es um Ihre eigenen Interessen, Werte und Bedürfnisse geht; darum, das Leben zu leben, das Sie sich wünschen.[47] Darauf werde ich in Teil 3 des Buches näher eingehen, aber vorher ist es wichtig, dass wir uns mit der kontrollierten Motivation befassen. Denn viel zu häufig ist die Unfähigkeit, das Leben zu leben, das Sie sich wünschen, nicht auf das Fehlen persönlicher Interessen und Ziele zurückzuführen, sondern vielmehr auf die Tatsache, dass jene selbst ausgewählten Ziele von kontrollierten Motivationen, insbesondere von den verinnerlichten Erwartungen anderer, verdrängt werden.

Ich sage nicht, dass das Internalisieren von Normen an sich schlecht ist. Als Vater helfe ich meinen Kindern ständig, bestimmte Normen zu verinnerlichen: Schlage nicht deinen Bruder, räume nach dem Essen den Tisch ab, benutze keine Schimpfwörter in der Öffentlichkeit, lies Bücher und so weiter. Die Welt ist ein besserer Ort, wenn wir unseren Kindern Anständigkeit, Mitgefühl, Kooperationsfähigkeit und Fleiß beibringen.

Diese gemeinsamen Werte sollten unbedingt verinnerlicht werden. Lassen Sie uns also weiterhin gemeinsam diese guten Werte und Normen pflegen und verbreiten! Das

Leben in einer zivilisierten Gesellschaft und fürsorglichen Gemeinschaft basiert darauf, dass jedes Individuum bestimmte Normen verinnerlicht, ohne die das Zusammenleben nicht möglich wäre.

Unter den guten Normen, die Sie von Ihren Eltern und der Gesellschaft gelernt haben, verstecken sich jedoch ein paar faule Äpfel, die Sie davon abhalten, das Leben zu leben, das Sie sich wünschen, und die dabei noch nicht einmal einen guten Zweck erfüllen. Um die Spreu vom Weizen zu trennen, müssen Sie sich davon verabschieden, automatisch allen Regeln zu folgen, welche die älteren Generationen Ihnen beigebracht haben. Je blinder Sie Normen verinnerlichen, desto weniger Entscheidungsfreiheit haben Sie, wenn es darum geht, welche Normen Sie tatsächlich verinnerlichen.

Lernen Sie unterschiedliche Werte und Normen kennen

Wir verinnerlichen zwangsläufig die Normen, die wir während unserer Kindheit mitbekommen haben. Was unsere Eltern, Lehrkräfte und unser Freundeskreis als wichtig erachteten, fanden und finden wir noch heute ebenfalls wichtig. Die meisten dieser Normen sind gut und sollten beachtet werden. Doch es gibt Eltern, die in mancher Hinsicht intolerant sein können, die ihren Kindern vielleicht beibringen, gegenüber bestimmten Menschengruppen Hass oder Verachtung zu empfinden. Ihre politische Haltung, die in ihrer Jugend womöglich passend und weit verbreitet war, ist heute überholt. Teil des Erwachsenwerdens ist es, zu erkennen, dass unsere Eltern nicht immer recht haben bzw. hatten.

Sich von Normen und Weltanschauungen, die uns von Geburt an begleiten, zu befreien, ist ein wichtiger Schritt auf dem Weg ins Erwachsensein, ebenso wie das Beenden der selbst verschuldeten Unmündigkeit, vor der Kant uns gewarnt hat.

Zu viele Menschen leben ihr Leben, ohne ihre Weltanschauung wirklich zu erweitern.

Als ich Anfang zwanzig war, studierte ich Computerprogrammierung und Wirtschaft an der Technischen Universität Helsinki und parallel dazu Philosophie an der Universität Helsinki. Da ich aktiv am Studierendenleben beider Unis teilnahm, besuchte ich zahlreiche Partys, ging zu Kneipenabenden und anderen Events nach den Vorlesungen, und schnell fiel mir auf, dass die Normen dieser beiden Gruppen sich in vielen Punkten voneinander unterschieden.

Welchen Schauspieler oder welche Schauspielerin magst du am liebsten? Eine harmlose Frage, auf die – unter Wirtschaftsstudierenden – die

Antworten meistens Hollywoodgrößen wie Brad Pitt oder Angelina Jolie beinhalteten. Auf derartige Mainstream-Antworten hätten die Philosophiestudierenden mit Spott reagiert, denn sie erklärten Toshirō Mifune, Star aus den japanischen Filmen der 1960er-Jahre von Akira Kurosawa, zum besten Schauspieler aller Zeiten. Noch stärker trat die Diskrepanz in der Cafeteria der Wirtschaftsfakultät zutage; wählte ich das vegetarische Menü, verwirrte das meine Kommiliton:innen: »Du bist Vegetarier? Warum?« Unter den Studierenden der Philosophie hingegen wurde man, sobald man Fleisch bestellte, sofort gefragt: »Du isst noch Fleisch? Warum?« Die Filme und die Musik, die man gut finden sollte, die Bücher, die man kennen sollte, die politischen Meinungen, die man teilen sollte … diese zwei Uniwelten waren nur wenige Kilometer voneinander entfernt und doch zwei komplett unterschiedliche Welten.

Schnell lernte ich, wie ich mich am besten in diesen zwei sozialen Realitäten zurechtfand. Doch trafen beide Welten aufeinander – wenn ich etwa mit meinen Ingenieursfreunden unterwegs war und wir einen meiner Philosophiekumpels trafen oder umgekehrt –, ging ich wie auf rohen Eiern. In mir lebten zwei Seiten, eine für jede

Gruppe, und ich wusste nicht, wie ich mich verhalten sollte, wenn beide aufeinandertrafen.

Heute ist meine Persönlichkeit einheitlicher, aber auch stärker selbst gewählt und autonomer. Das Erkunden beider sozialer Realitäten ermöglichte es mir, die besten Aspekte beider Welten in den Menschen einzubringen, der ich heute bin. Begegnungen mit verschiedenen Gruppen vertieften mein Verständnis für unterschiedliche Lebensarten, unterschiedliche Werte und mein Verständnis für die Relevanz unterschiedlicher Entscheidungen. Da ich mir der zahlreichen möglichen Weltanschauungen da draußen bewusst war, war ich besser ausgerüstet, die Lebensart, die meiner Persönlichkeit am besten entsprach, zu wählen. Das wäre nicht passiert, hätte ich in ein und derselben »Blase« gelebt.

Normalerweise werden uns unsere eigenen Ansichten und Werte erst bewusst, wenn wir jemanden treffen, der andere Ansichten und Werte hat.

Natürlich können die Unterschiede zwischen zwei finnischen Fakultäten nicht riesig sein. Beide Kreise erachten jene Dinge für selbstverständlich, die in westlichen, gebildeten, industrialisierten, wohlhabenden und demokratischen Gesellschaften (sog. *WEIRD societies*) häufig für selbstverständlich erachtet werden – Gesellschaften, die nur eine Minderheit der Weltbevölkerung ausmachen.[48] Mein eigenes Weltbild hat sich erweitert, als ich Gegenden der Welt bereiste, in denen Menschen nicht dieselben Netflix-Serien schauen wie ich, so zum Beispiel, als ich allein mit meinem Rucksack durch Mittelamerika tourte. Zudem habe ich angefangen, bewusst nach Büchern, Serien und Filmen Ausschau zu halten, die nicht aus Europa oder den USA stammen (denn von denen habe ich schon genug gelesen und gesehen), um zu wissen, wie Menschen an anderen Orten, wie etwa im

Iran, in Korea, Argentinien oder Äthiopien leben: Wie nehmen sie die Welt wahr, wovon träumen sie? Nach dem Ausbruch des aktuellen Israel-Gaza-Kriegs sah ich mir einige palästinische und israelische Filme an, die mein Verständnis beider Seiten in diesem Konflikt deutlich vertieften.

Wenn Sie also das nächste Mal überlegen, welchen Film oder welche Serie Sie schauen oder welches Buch Sie lesen sollen, dann wählen Sie einfach mal etwas anderes aus, das Ihren Horizont erweitert!

Auf diese Weise lernen Sie nicht nur die Weltanschauungen anderer Menschen oder Gruppen kennen, sondern werden sich auch Ihrer eigenen stärker bewusst. Wenn Sie noch einen Schritt weiter gehen wollen, dann machen Sie es wie einer meiner Freunde und werden Couchsurfing-Host: Er lässt Menschen aus der ganzen Welt bei sich zuhause übernachten, isst gemeinsam mit ihnen und erfährt, wie sie die Welt sehen.

Fordern Sie Ihre Weltanschauung heraus. Brechen Sie aus den eng gefassten Normen aus, die Ihnen als Kind eingetrichtert wurden. Halten Sie bewusst Ausschau nach Menschen, Kunst, Filmen und Serien, welche die Welt aus einem anderen Blickwinkel betrachten. Und sehen Sie sich diese Blickwinkel mit Demut und Neugier an: Welche wichtigen Einsichten können Sie gewinnen? Auf diese Weise werden Sie sich der Dinge bewusst, die Ihnen entgehen würden, wenn Sie sich nur mit Menschen, die Ihre eigenen Ansichten teilen, umgäben.

Das bedeutet nicht, dass Sie Ihre eigenen Weltanschauungen aufgeben müssen, sondern lediglich, dass Sie diese bewusster wahrnehmen, sodass Sie anschließend entscheiden können, welche Aspekte Sie beibehalten möchten. Gehen Sie diesen Schritt, ist Ihre Weltanschauung keine blind geerbte mehr, sondern eine frei gewählte.

Entwirren Sie Ihr Selbstwertgefühl

Einer meiner Kollegen lobt mich jedes Mal, wenn wir uns sehen. Er macht mir Komplimente zu meiner Arbeit und meinen jüngsten Erfolgen. Natürlich ist es schön, wenn jemand etwas Nettes über mich sagt, aber mein Ego wird durch derartige Lobeshymnen nicht gestärkt. Ähnlich wie die Finn:innen, welche den Titel der glücklichsten Nation herunterspielen, schiebe ich solche Komplimente normalerweise zur Seite, um mich nicht mit Höflichkeiten aufzuhalten, sondern schnell zum eigentlichen Gesprächsthema zu kommen. Irgendwann wurde mir jedoch klar, dass mein Kollege diese Komplimente von sich gab, weil er gern wollte, dass ich Ähnliches zu ihm sage. Er braucht Lob mehr als ich, und wegen meiner Unfähigkeit, den Wert solcher Komplimente zu erkennen, konnte ich ihm dieses nicht geben. Heute probiere ich, sein Kompliment stets in ähnlicher Weise zu erwidern. Dieser Unterschied zwischen uns ergibt sich aus der Tatsache, dass wir verschiedene *Arten von Selbstwertgefühl* haben.

Dachten Sie, Selbstwertgefühl sei eine persönliche Angelegenheit? Zwar wird viel über die Vorteile eines starken Selbstwertgefühls geredet und darüber, wie man ein solches erlangt, doch die gesamte Diskussion sollte damit beginnen, dass das Konzept von Selbstwertgefühl richtig verstanden wird. Statt *Selbst*wertgefühl sollten wir es lieber *Fremd*wertgefühl nennen, denn letzten Endes handelt es sich um ein Hilfsmittel, festzustellen, ob *andere* uns mögen. 2000 erklärten die Psychologen Mark Leary und Roy Baumeister auf überzeugende Weise, dass Selbstwertgefühl im Grunde ein »Soziometer« ist – eine innere Anzeige dafür, wie stark wir erwarten, von anderen wertgeschätzt zu werden.[49] Sie drücken es so aus:

»Das System des Selbstwertgefühls bestimmt die Eignung eines Menschen für andauernde, erstrebenswerte Beziehungen.«

Unser Selbstwertgefühl wird stärker, wenn wir beobachten, dass andere uns wahrnehmen, achten und wertschätzen. Es wird schwächer, wenn wir bemerken, dass andere uns ignorieren, diskriminieren, verächtlich behandeln oder gar hassen. Anhand der Abfolge aus flüchtigen und direkten Alltagsbegegnungen gewinnen wir ein verallgemeinertes Gespür für unseren eigenen Wert in den Augen anderer. Und genau das ist unser Selbstwertgefühl.

Es wird zu viel darüber diskutiert, ob unser Selbstwertgefühl *schwach* oder *stark* ist. Man ging einmal davon aus, dass ein starkes Selbstwertgefühl die *Ursache* für viele gute Dinge im Leben ist, wie etwa Erfolg. Anschließend zeigten Studien, dass das Gegenteil der Fall war.[50] Ein starkes Selbstwertgefühl war die *Folge* vieler guter Dinge im Leben, während ein künstlich gestärktes Selbstwertgefühl zu nichts Gutem führte. Es stellte sich heraus, dass wir durch ein starkes Selbstwertgefühl nicht erfolgreicher werden. Vielmehr sorgt Erfolg dafür, dass unser Selbstwertgefühl gestärkt wird. So wie Glück entpuppte sich auch das Selbstwertgefühl als ein Thermometer, das man nicht versuchen sollte, künstlich in die Höhe zu treiben. »Selbstwertgefühl ist optimal, wenn wir nicht danach streben«, lautete die treffende Schlussfolgerung der Forschenden Jennifer Crocker und Noah Nuer.[51] Wie Schulterpolster und Vokuhilas waren Selbstwertgefühl und Selbstbewusstsein ein großes Thema in den 1980er-Jahren, doch heute fühlt sich der ganze Hype etwas fehl am Platz an.

Um uns von dem Bedürfnis nach ständigem Lob zu befreien, sollten wir uns auf eine andere Unterscheidung konzentrieren, auf jene zwischen *bedürftigem* und *stabilem* Selbstwertgefühl – Wissenschaftler:innen sprechen hier von dem Aspekt der Selbstwertkontingenz.[52]

Ein *bedürftiges Selbstwertgefühl* ist fragil und angewiesen auf das positive Feedback anderer. Um Ihr Selbstwertgefühl aufrechtzuerhalten, benötigen Sie die permanente Bestätigung anderer, dass Sie es wert sind. Sie sind darauf angewiesen, dass Ihnen jemand sagt, wie gut Sie sind, dass Sie etwas geleistet haben, dass jemand Sie mag oder liebt. Wenn Ihr:e Partner:in zu lange mit der Antwort auf Ihr »Ich liebe dich« wartet, dann fragen Sie sich sofort, ob etwas nicht stimmt. Vielleicht

liebt er bzw. sie Sie nicht mehr. Ihr Selbstwertgefühl giert permanent nach Bestätigung durch die Menschen in Ihrer Umgebung.

Im schlimmsten Fall versuchen Sie, Ihr Ego auf Kosten anderer zu stärken. Sie plustern Ihre eigenen Fähigkeiten und Erfolge auf, erschaffen eine positive Illusion und werten damit die Erfolge aller anderen ab. Sie reagieren wütend auf negatives Feedback, suchen die Schuld immer bei anderen, nie bei sich selbst – und genau deswegen lernen Sie nicht aus Ihren Fehlern. So ein übersteigertes Selbstwertgefühl, das darauf basiert, dass wir uns selbst etwas vormachen, ist höchst empfindlich und grenzt an Narzissmus. Das ist kein Weg, den Sie einschlagen wollen, denn er schadet nicht nur Ihnen selbst, sondern insbesondere den Menschen um Sie herum.

So wie der Name schon sagt, hängt ein *stabiles oder nicht kontingentes Selbstwertgefühl* kaum von einzelnen Interaktionen oder Erfolgen ab. Das Gefühl, es »wert zu sein, geschätzt und geliebt zu werden«[53], ist tiefer verwurzelt, und deshalb kann man ein gesundes Selbstwertgefühl aufrechterhalten, auch wenn man bei einer Aufgabe scheitert oder negatives Feedback von anderen erhält. Wenn wir nämlich lernen, uns selbst zu akzeptieren und zu lieben, dann ist unser Selbstwertgefühl nicht auf andere angewiesen. Ein solches stabiles Selbstwertgefühl aufzubauen, ist allerdings nicht leicht. Manche Menschen bekommen es quasi von ihren Eltern geschenkt, weil diese sie bedingungslos lieben und ihnen auf diese Weise das Gefühl geben, es wert zu sein, geliebt zu werden. War die Liebe oder Wertschätzung unserer Eltern an Bedingungen geknüpft, müssen wir im Erwachsenen alter erneut lernen, uns selbst bedingungslos zu lieben, was wiederum viel Mühe kostet. Hat man jemanden an seiner

Seite, der einen darin bestätigt, hilft das immens; das kann die Partnerin oder der Partner sein, ein guter Freund oder auch eine Therapeutin.

Dank dieses Exkurses können Sie nun besser verstehen, worin der Unterschied zwischen mir und meinem Kollegen besteht. Ich habe ein relativ stabiles Selbstwertgefühl. Und wenn Sie meinen Bruder und meine Schwester fragen, hatte ich davon schon immer etwas zu viel – auch wenn ich es inzwischen besser verbergen und mich als bescheiden ausgeben kann. Jedenfalls bin ich deshalb recht unempfänglich für das Lob von anderen. Natürlich finde ich es schön, etwas Positives über mich zu hören, und negatives Feedback ist immer blöd. Aber in den meisten Situationen lösen beide Arten Feedback keine wirklichen Gefühle in mir aus.

Ich sehe Feedback als Informationen an, die ich nutzen kann, um meine Gewohnheiten und mein Handeln zu verbessern.

Mein Kollege hingegen hat ein eher bedürftiges Selbstwertgefühl, weshalb er ständig auf der Suche nach positivem Feedback ist. Und erkennt er dieses Bedürfnis, kann er auch anderen viel besser positives Feedback geben.

Diese Unterscheidung zwischen stabilem und bedürftigem Selbstwertgefühl zeigt sich auch in der Art, wie Menschen reagieren, wenn sie auf der Bühne stehen. Ein Teil meines Berufs ist das Sprechen vor Publikum – von wissenschaftlichen Präsentationen an der Universität bis hin zu Vorträgen für verschiedene Konzerne. Im Jahr stehe ich deshalb im Schnitt mehr als fünfzig Mal auf der Bühne und werde von unzähligen Fremden bewertet. Einige Menschen bekommen Panik, wenn sie sich das nur vorstellen. Andere hingegen, die einen vergleichbaren Job haben, stärken ihr Ego immens, wenn sie auf die Bühne gehen und positives Feedback vom Publikum erhalten. Für mich ist das alles eine eher neutrale Erfahrung. Ich werde nicht sehr nervös, aber steigere auch mein Ego nicht übermäßig. Menschen mit einem deutlich bedürftigeren Selbstwertgefühl erhalten durch den Applaus von hunderten Zuschauer:innen eine deutliche Bestätigung, was wiederum ihr Ego stärkt.

Ich persönlich versuche, jede Form von Feedback als Information anzusehen. Ich mache mein Selbstwertgefühl nicht von meiner aktuellen Leistung abhängig, sondern vielmehr davon, was ich werden könnte. Dieser Fokus auf die Zukunft hilft mir, jedes Feedback auf irgendeine Weise dafür zu verwenden, mich in meiner Zunft zu verbessern. Konzentriert man sich auf die Dinge, die man verbessern kann, so beugt man nachweislich dem Verlust des Selbstwerts vor, der normalerweise eintritt, sobald man an einer Aufgabe scheitert.[54] Feedback betrifft somit nicht mein derzeitiges Selbstwertgefühl, aber es ist wichtig für meine zukünftigen Fähigkeiten. Positives Feedback ist schön und gut, hat jedoch einen niedrigen Informationswert. Negatives Feedback enthält meistens mehr Informationen darüber, wie ich meine Leistungen in der Zukunft verbessern kann.

Das Land, in dem es kaum sozialen Vergleich gibt

Ein bekanntes Zitat des finnischen Nationaldichters Eino Leino lautet: »Kell' onni on, se onnen kätkeköön.«[55] Grob übersetzt bedeutet es: »Wer Glück besitzt, sollte es verstecken.« Was so viel heißt wie: Gib mit deinem Glück nicht an.

Die Bekanntheit dieser Redensart innerhalb Finnlands liegt an der allgemein verbreiteten Bescheidenheit. Man stellt hierzulande seinen Reichtum oder Erfolg nicht zur Schau. In Helsinki, der Hauptstadt, sieht man kaum schicke oder teure Autos auf den Straßen. Selbst Vorstandsvorsitzende und Finanzhaie fahren meistens einen banalen Volvo oder VW anstatt irgendeines auffälligen Sportwagens.

Wir Menschen neigen dazu, uns mit anderen zu vergleichen; wir messen unseren Erfolg im Leben, indem wir schauen, ob wir besser als unsere Mitschüler:innen oder Nachbar:innen sind. Forschungen haben tatsächlich gezeigt, dass diese sozialen Vergleiche unser Wohlbefinden beeinflussen: Unser Glück hängt nicht nur davon ab, was wir haben, sondern davon, wie viel wir im Vergleich zu anderen haben – dasselbe Vermögen kann uns also glücklicher oder weniger glücklich machen, je nachdem, mit wem wir uns vergleichen.[56] Das Problem ist nur, wir vergleichen uns mit verschiedenen Menschen, sodass wir immer etwas hinterherhinken. Wenn man sich innerhalb einer Unternehmenshierarchie hocharbeitet, lernt man immer die Menschen kennen, die hierarchisch über einem stehen. Zieht man in eine wohlhabendere Wohngegend, ist die Nachbarschaft erst einmal reicher als man selbst.

Je stärker Ihr Glück auf Vergleichen basiert, desto wahrscheinlicher sind Sie mit Ihrem aktuellen Leben unzufrieden – insbesondere in der Welt der Sozialen Medien, die Ihnen Fotos glücklicher Menschen, die einen Riesenspaß haben, entgegenschleudert, sobald Sie Ihr Smartphone nur anschalten. Ebenso zeigen Zeitschriften, Filme und Serien Ihnen eine unendliche Abfolge von Menschen, die besser aussehen als

Sie, schönere Häuser und Urlaube als Sie haben, raffinierter kochen und die glücklicher wirken als Sie. Selbst wenn Sie im Grunde wissen, dass diese Bilder nicht der Realität entsprechen, tendieren Sie unterbewusst doch dazu, sich mit ihnen zu vergleichen – und das bedeutet dann, dass Ihr Leben da nicht mithalten kann. Das zieht Sie schnell herunter. Sie sind nicht mehr so zufrieden mit dem, was Sie haben, und dieser permanente Wettkampf, mithalten zu müssen, hält sie davon ab, das Leben zu leben, das Sie sich wünschen.

In Finnland und anderen nordischen Ländern ignorieren die Menschen solche sozialen Vergleiche eher und sind zufriedener – ihr eigenes Wohlbefinden und Glück hängen nicht so stark davon ab, wie sie sich im Vergleich zu anderen schlagen.[57] Im Norden gibt es keine so starke Angst vor Statusverlust, was bedeutet, dass die Menschen weniger an einem hohen Status interessiert sind und es nicht so stark darauf anlegen, die kulturellen Standards von Erfolg zu erfüllen.[58] Da Finn:innen nicht an einer starren, gesellschaftlichen Definition von Erfolg festhalten, können sie etwas freier leben – sie machen sich weniger Gedanken um ihren Status und denken dafür mehr daran, was sie selbst mit ihrem Leben anstellen möchten.

Anders ausgedrückt: In den nordischen Staaten können sich die Menschen besser darauf konzentrieren, was sie glücklich macht, anstatt nur zu versuchen, in den Augen der anderen erfolgreich zu wirken. Dieser ständige Konkurrenzkampf macht uns letztendlich nicht glücklicher. Konzentrieren Sie jedoch Ihre Energie darauf, was Sie in Ihrem Leben wirklich gern tun möchten, werden Sie glücklicher.

Einmal sah ich auf der Straße einen der reichsten Männer ganz Finnlands, über dessen jüngsten Geschäftsabschluss in Höhe von hunderten Millionen gerade in den Fernsehnachrichten berichtet wurde: Er schob sein Kleinkind in einem Buggy, rannte dabei, weil er die Straßenbahn noch erwischen wollte. Er hätte sich einfach ein teures Auto kaufen oder einen Fahrer einstellen können, aber er entschied sich für die öffentlichen Verkehrsmittel.

So sehen Millionäre in Finnland aus – wie jeder andere.

Haben Sie den Mut, von anderen nicht gemocht zu werden

»Freiheit bedeutet, nicht von allen gemocht zu werden.«[59] Diese kontroverse Schlussfolgerung entstammt dem Buch *Du musst nicht von allen gemocht werden (The Courage to be Disliked)* von Ichiro Kishimi und Fumitake Koga. Sozialer Vergleich, soziale Angst, ein bedürftiges Selbstwertgefühl, nicht hilfreiche, aber verinnerlichte Normen – all diese Dinge stehen Ihnen im Weg, das Leben zu leben, das Sie sich wünschen. Je weniger diese Faktoren Ihr Leben bestimmen, desto mehr Raum haben Sie, die Entscheidungen zu treffen, welche die besseren Seiten Ihres Selbst repräsentieren.

Hin und wieder ist die Tatsache, nicht gemocht zu werden, der Beweis, dass Sie sich die Freiheit nehmen, Sie selbst zu sein, statt bloß von anderen zu Dingen gedrängt zu werden.

Kishimi und Koga stellen in ihrem Ratgeber die Frage »Wenn Sie Ihr Leben nicht für sich leben, für wen dann?«[60]

Aber die Meinungen (oder angenommenen Meinungen) anderer haben uns so fest im Griff – wie sollen wir dagegen ankommen? Je besser Sie wissen, welche Normen und Vorurteile Ihr Leben bestimmen, desto besser werden Sie mit diesen umgehen können. Viel zu oft beeinflussen zahlreiche verinnerlichte Normen die Ansichten und Haltungen, die Sie in beliebigen Situationen in Erwägung ziehen. Deshalb ist es umso wichtiger, dass Sie Ihre Weltanschauung erweitern, indem Sie Menschen treffen, die einen anderen Blick auf die Welt haben. Wir können unser Selbstbewusstsein schulen und stärken, wenn wir innehalten und uns Zeit zum Nachdenken geben.

Wenn Sie spüren, dass Sie etwas zurückhält oder in eine bestimme Richtung drängt, dann halten Sie inne und versuchen Sie zu erkennen, welche Kraft sich dahinter versteckt.

Wo kommt diese her und sollten Sie dieser wirklich nachgeben? Ein anderer, wichtiger Schritt ist es, sorgfältig zu überlegen, von welchen Menschen Sie Bestätigung erhalten möchten. Als sozial veranlagte Wesen sind wir womöglich nicht in der Lage, unser Selbstwertgefühl vollkommen vom Feedback anderer zu lösen. Tatsächlich ist ein bestimmtes Maß an gesundem, konstruktivem Feedback häufig nötig, damit wir nicht gänzlich vom Weg abkommen. Ein Beispiel: Einer meiner Freunde arbeitet in der Landespolitik. In diesem Bereich wird man, ob man nun will oder nicht, ständig mit harscher Kritik konfrontiert. Und mit »harscher Kritik« meine ich alles von rhetorisch versierten Kommentaren bis zu Karikatur-Memes und Morddrohungen. Wenn man in der Welt der Politik überleben will, braucht man ein dickes Fell. Ignoriert man allerdings sämtliches negatives Feedback, endet man in einem Hallraum, in welchem man nur noch die Meinungen der Eigengruppe (In-Group) verherrlicht und den Blick dafür verliert, wie man den Bürger:innen dienen kann. Mein Ratschlag für meinen Freund in der Politik lautet: Suche dir bestimmte Menschen aus der politischen Opposition heraus, die du trotz eurer politischen Meinungsdifferenzen respektierst. Nimm dir ihr Feedback zu Herzen – insbesondere die Dinge, die sie fernab der Medien sagen, wenn sie das sagen können, was sie wirklich denken. So erkennst du die relevanten Gegenargumente deiner aktuellen Position.

Was du ansonsten als Feedback zu hören bekommst, ignorierst du.

Gleiches gilt im normalen Leben: Es ist nicht klug, wenn wir uns vor sämtlichem negativen Feedback schützen. Wir alle brauchen Feedback, um uns zu verbessern und schädliche Verhaltensweisen auszumerzen. Wichtig ist nur, dass wir lernen, wessen Feedback wir uns zu Herzen nehmen sollten. Wenn Sie nämlich versuchen, allen zu gefallen, dann gefallen Sie am Ende niemandem. Überlegen Sie stattdessen lieber, welche Menschen und deren Feedback es wert sind, angehört zu werden. Suchen Sie Menschen und Gruppen, die Ihre Interessen und Werte teilen – die Menschen, die Sie selbst am meisten respektieren. Nehmen Sie sich zu Herzen, was diese Menschen von den Entscheidungen in Ihrem Leben halten – und ignorieren Sie alle anderen. Nehmen Sie jeden Kritikpunkt von sämtlichen Menschen in Ihrem Leben ernst, dann bleibt Ihr Selbstwertgefühl zu fragil. Seien Sie wählerisch.

Der dritte Schritt ist leicht gesagt, kann aber jahrelange, harte Arbeit (oder sogar professionelle Therapie) erfordern, um Wirklichkeit zu werden: Sie müssen lernen, sich selbst zu lieben. Je überzeugter Sie davon sind, selbst Liebe zu verdienen, desto weniger Macht kann Feedback anderer auf Sie ausüben und Sie herunterziehen (siehe Kapitel 8).

Je mehr Sie sich selbst schätzen, desto weniger sind Sie auf Bestätigung von außen angewiesen.

Kurz gesagt: Hören Sie auf, sich darüber Gedanken zu machen, was andere denken. Lösen Sie diesen Griff und befreien Sie sich daraus, auch wenn das nicht einfach ist. Die Tendenz, Bestätigung durch andere zu suchen, ist tief in der menschlichen Psyche verankert. Genau aus diesem Grund ist die Beschäftigung damit so wichtig. Die Arbeit, die Sie leisten, und die Fortschritte, die Sie machen, werden zu einer befreiten Lebensart führen. Sie werden mehr Raum haben, Sie selbst zu sein und das Leben zu führen, das Ihnen zusagt. Und das ist es allemal wert!

KAPITEL 3

Messen Sie Ihren Gefühlen nicht zu viel Bedeutung bei

Ein Geheimnis des finnischen Bildungssystems ist die emotionale Alphabetisierung von Kindern im Vorschulalter. Die Lehrkräfte haben Poster, die Gesichter mit verschiedenen Emotionen zeigen, und sie fragen die Kinder, welches Gefühl jedes einzelne Gesicht wohl ausdrücken möchte. Anschließend fragen sie, ob die Kinder selbst sich schon einmal so gefühlt haben, und wenn ja, in welchen Situationen. Die Lehrkräfte erzählen Geschichten von Kuscheltieren, die verschiedene Dinge erleben, und fragen ihre Schüler:innen: »Was denkt ihr? Wie fühlt sich Poppy der Bär in dieser Situation?« Ein Großteil des Unterrichts findet allerdings statt, wenn die Kinder miteinander interagieren. Die Lehrkräfte fragen regelmäßig, welche Emotionen die Kinder und ihre Freunde empfinden: »Du hast deinem Freund sein Spielzeug weggenommen? Was meinst du, wie er sich jetzt fühlt?«, »Lieb von dir, dass du deine Freundin umarmst. Was meinst du, wie sie sich dabei fühlt?«

Noch viel wichtiger ist, dass die Lehrkräfte einem wütenden, weinenden oder auch fröhlichen Kind helfen, die eigenen Emotionen zu erkennen. »Du scheinst, traurig zu sein!«, »Du ballst deine Hände zu

Fäusten, stampfst mit dem Fuß auf den Boden und kreischst laut. Welches Gefühl, glaubst du, ist das?« Ich selbst war unglaublich dankbar dafür, dass meine drei Kinder von fähigen Lehrkräften diese grundlegenden Lebenskompetenzen gelernt haben. Wenn ich hörte, wie die Lehrkräfte Kindern halfen, über ihre Emotionen zu sprechen, konnte ich nicht anders, als zu denken, dass ich so einige Erwachsene kenne, die ein solches Training bitter nötig hätten.

Starke Emotionen sind nun einmal stark. Sie können uns überwältigen. Sie reißen uns mit sich. Sie sorgen dafür, dass wir reagieren, bevor unser Gehirn »Stopp« sagen kann. Auf diese Weise können schreckliche Fehler passieren – wir sagen vielleicht Dinge, die wir niemals sagen wollten, wir tun Dinge, die wir im Nachhinein bereuen. Emotionen können auch dazu führen, dass wir auf Autopilot schalten – eine bestimmte Emotion triggert bei Ihnen ganz automatisch womöglich eine bestimmte Reaktion, ohne dass Sie darüber nachdenken.

Deshalb tendieren wir manchmal dazu, Emotionen pauschal zu vermeiden. Das ist aber auch keine gute Idee. Das Idealbild eines gefühlskalten, schmallippigen, »rationalen« Menschen ist die Garantie für falsche Lebensentscheidungen, ein tristes Leben und häufig genug für Depression und andere mentale Erkrankungen. Je mehr Sie versuchen, bestimmte Emotionen zu vermeiden, desto stärker versuchen diese, sich selbst einen Weg nach draußen zu bahnen. Hören Sie also auf zu kämpfen. Emotionen werden immer zu Ihrem Leben gehören, ob Sie das nun mögen oder nicht. Das Beste ist, Sie lernen, mit Ihnen zu leben.

Um dies zu erreichen, müssen wir falsche Vorstellungen ablegen und schädliche Praktiken, die wir häufig anwenden, um mit Emotionen fertigzuwerden, wieder verlernen. Wir müssen lernen, wie wir sie erkennen, Abstand zu ihnen gewinnen und sie letztendlich akzeptieren. Doch zuallererst müssen wir verstehen, was Emotionen eigentlich sind und warum Menschen Emotionen haben.

Was sind Emotionen?

Wir alle wissen, was Emotionen sind. Eine genaue Definition zu liefern, ist dennoch äußerst schwierig, selbst in der Welt der Wissenschaft. Im weitesten Sinne sind Emotionen ein neurochemisches System, das dazu führt, dass Dinge sich für uns auf eine bestimmte Art und Weise anfühlen. Dadurch sorgen sie dafür, dass wir eine bestimmte Haltung gegenüber der gegebenen Sache einnehmen, die wiederum häufig eine körperliche Reaktion auslöst. Bei Trauer weinen wir; überrascht uns etwas, springen wir vielleicht auf; Freude lässt uns lachen oder lächeln.

Emotionen verleihen unserem Leben Farbe. Stellen Sie sich eine Brille vor, die alles, was Sie sehen, einfärbt. Eklige Dinge werden grün gefärbt, während eine Person, die Sie beleidigt, sofort rot aussieht. Entdecken Sie einen geliebten Menschen in einer Menge, dann wird dieser Mensch orange, während alles sich blau färbt, wenn ihr Lieblingsfußballverein verliert. So funktionieren Emotionen vereinfacht ausgedrückt. Emotionen entstehen als Reaktion auf Ereignisse, die Ihnen wichtig sind, die jeweilige Farbe zeigt, inwiefern das Ereignis Ihnen etwas bedeutet. Wenn Sie etwas bekommen, das Sie sich lange gewünscht haben, empfinden Sie Freude. Der Verlust von etwas Geliebtem ruft Traurigkeit hervor. Frustration oder Demütigung macht Sie wütend. Ist eine Situation gefährlich, dann empfinden Sie Angst. Alle Emotionen haben ihre eigene, spezifische Farbe und beeinflussen uns so, wie die Welt um uns herum aussieht.

Emotionen machen die Welt für uns spürbar. Sie liefern Farbcodes, dank derer wir uns besser in ihr zurechtfinden. Sie erschaffen verschiedene Erwartungen, lenken uns zu bestimmten Dingen und sorgen dafür, dass wir andere eher vermeiden. Mittels Emotionen treten wir mit der Welt in Verbindung.

Welche Funktion haben Emotionen?

Evolutionär bedingt verfügen Tiere über Emotionen, damit sie in verschiedenen Situationen angemessen reagieren können. Wut sorgt dafür, dass wir Adrenalin und Noradrenalin ausstoßen, sodass wir besser für einen Kampf gewappnet sind.[61] Liebe sorgt dafür, dass wir diejenigen, die wir lieben, gern umarmen und küssen. Sind wir glücklich, stehen wir unterschiedlichen Ideen und Erfahrungen offener gegenüber.[62] Ekel sorgt dafür, dass wir bestimmte Dinge meiden. Der Geruch verdorbener Nahrungsmittel und von Exkrementen ruft bei uns aus gutem Grund Abneigung hervor: Meiden wir diese, werden wir nicht krank. Ähnlich sorgt Angst dafür, dass wir gefährliche Dinge und Situationen wie Schlangen oder steile Klippen meiden. Hat man keine Angst, verursacht man leichter einen schlimmen Unfall. Somit überrascht es nicht, dass die Grundemotionen universell sind und Menschen auf der ganzen Welt sie empfinden.[63] Selbst andere Säugetiere empfinden Angst, Ekel, Traurigkeit und Freude – was jede Person mit Haustieren bestätigen kann.

Letzten Endes sind Emotionen nichts anderes als Informationen. Sie bilden eine Art Alarmsystem, das uns auf relevante Faktoren in unserer aktuellen Umgebung aufmerksam macht. Einfach ausgedrückt, wenn etwas geschieht, wird eine Reihe von Reaktionen in Gang gesetzt: Wir sehen oder hören etwas oder denken über etwas nach. Dieses *Ereignis* wird von unserem Verstand automatisch *interpretiert* und löst eine bestimmte *Emotion* aus. Diese Emotion bereitet unseren Körper und Verstand darauf vor, dem entsprechenden Ereignis mit einer bestimmten Haltung gegenüberzustehen, was häufig mit körperlichen Veränderungen einhergeht: einem schnelleren oder langsameren Herzschlag, angespannten oder entspannten Muskeln. All dies sorgt dafür, dass wir auf das jeweilige Ereignis auf eine spezifische Art reagieren.

EREIGNIS → INTERPRETATION → EMOTION → REAKTION

Schlägt Sie jemand und Sie schlagen sofort zurück, dann findet die gesamte oben beschriebene Sequenz in einem Augenblick statt, sodass Sie keine Zeit haben, sich bewusst einzuschalten. Trifft Sie jedoch etwas von der Seite (Ereignis) und Sie drehen den Kopf, um zu sehen, was passiert ist, worauf Sie erkennen, dass Sie tatsächlich jemand mit der Hand geschlagen hat, dann studieren Sie zunächst erst einmal den Gesichtsausdruck der betroffenen Person, um zu bestimmen, ob es aus Versehen oder absichtlich geschah (Interpretation). Nur wenn die Person wütend aussieht, werden auch Sie wütend (Emotion) und heben womöglich die Faust (Reaktion). Sieht die Person Sie jedoch freundlich an und erklärt Ihnen, dass auf Ihrer Hand eine Wespe saß und sie diese verscheucht hat (andere Interpretation), dann fühlen Sie sich wahrscheinlich erleichtert, ja sogar dankbar (Emotion), was dazu führt, dass Sie sich bei der Person bedanken (Reaktion). Gleiches Ereignis, andere Interpretation, andere Emotion.

Emotionen sind ein relativ automatisches System, das uns hilft, verschiedene Situationen im Leben mit der richtigen Einstellung anzugehen. Im besten Falle können Emotionen, so drückt es Susan David aus, helfen,

»Heucheleien und falsche Posen zu durchschauen. Wie eine Art innerer Radar erstellen sie uns das genaueste und aufschlussreichste Bild dessen, was gerade wirklich geschieht.«[64]

So kann es passieren, dass Sie mit jemandem sprechen und Ihr Bauchgefühl Ihnen eindeutig anzeigt, dass etwas nicht stimmt. Sie können das nicht genau erklären, aber spüren, dass Ihr Gegenüber Ihnen etwas verheimlicht.

Emotionen stimmen meistens – aber nicht immer

Emotionen sind extrem wichtig, wenn es darum geht, uns darauf vorzubereiten, in unterschiedlichen Situationen richtig zu reagieren. Allerdings gibt es da einen Haken. Emotionen entstehen nicht als Reaktion auf die jeweilige Situation selbst, sondern vielmehr »entstehen Emotionen in Reaktion auf die *Bedeutungsstrukturen* gegebener Situationen«[65], wie Professor Nico Frijda betonte. Verleihen Emotionen der Realität Farbe, so orientieren sie sich dabei daran, wie wir die Realität interpretieren. In einer überfüllten U-Bahn ruft jemand hinter Ihnen »Du stinkst«, und Sie werden wütend. Doch dann erkennen Sie, dass jemand anderes gemeint war, und Ihre Wut ebbt ab. Nicht die Worte selbst lösten Ihre Wut aus, sondern *Ihre Interpretation*, dass der Ausruf an Sie gerichtet war.

Während Emotionen also häufig richtig sind, können Sie auch nach hinten losgehen. Evolutionär wurden wir so programmiert, dass wir in bestimmten Situationen bestimmte Emotionen empfinden, weil so unsere Überlebenschancen besser sind. Doch auch unsere vergangenen Erfahrungen haben uns gelehrt, bestimmte Situationen mit bestimmten Emotionen zu verknüpfen. Sowohl die evolutionäre Prägung als auch Ihre Erfahrungen aus der Vergangenheit können Sie in die richtige Richtung lenken, doch manchmal unterscheidet sich Ihre Situation so drastisch von der Vergangenheit, dass Ihre Emotionen Sie schlichtweg in die falsche Richtung lenken.

Einmal klagte unser fünfjähriger Sohn nach dem Abendessen über Übelkeit und Bauchschmerzen. Wir alle hatten Sushi gegessen, aber niemand sonst aus der Familie war krank geworden. Zusätzlich hatten wir gehört, dass einige seiner Vorschulfreunde ebenfalls Magen-Darm-Grippe hatten. Aller Wahrscheinlichkeit nach hatte das Sushi also nichts mit der Übelkeit zu tun und unser Sohn hatte sich den Virus wohl in der Vorschule eingefangen. Trotzdem kann er seit diesem Ereignis kein Sushi mehr essen. Der Geruch allein ruft in ihm einen solchen Ekel hervor, dass er nicht mit uns an einem Tisch sitzen kann, wenn wir Sushi essen. In der Forschung nennt man dieses Phänomen, das unter Menschen und anderen Säugetieren weit verbreitet ist, *konditionierte Geschmacksaversion.*[66] Es ist durchaus hilfreich, denn es hält Tiere davon ab, Dinge zu essen, die sie krank machen könnten – ein Reflex, der wortwörtlich Leben rettet. Allerdings kann er auch fehlschlagen, wie bei meinem Sohn und dem Sushi. Vielleicht kennen Sie jemanden, der bzw. die einmal zu viele Tequila-Sunrise-Cocktails getrunken hat und sich davon übergeben musste. Nach diesem Erlebnis wurde der Person noch Jahre später schlecht, wenn sie Orangensaft nur roch. Die Wirkung dieses Reflexes ist so stark, dass keine rationalen Erklärungen ihn aussetzen können: Selbst wenn wir ganz genau wissen, dass der Tequila und nicht der Orangensaft zur Übelkeit führte, bleibt die instinktive Abneigung gegenüber Orangensaft bestehen.

Genauso charakteristisch sind emotionale Reaktionen, die aus Ihrer Kindheit herrühren und Sie heutige Situationen falsch bewerten lassen. Vielleicht reagieren Sie wegen eines Traumas aus der Vergangenheit übertrieben auf die Äußerung eines Mitmenschen. Das kann daran liegen, dass Ihre Eltern Ihre Erfolge womöglich kleingeredet haben, wodurch Sie heute schon bei der subtilsten Kritik das Gefühl haben, Ihr:e Partner:in schätzt Sie nicht wert. Oder Sie haben in einer früheren

Beziehung schmerzhafte Erfahrungen gemacht, sodass Zuneigung bei Ihnen Ängste auslöst, die Sie davon abhalten, mit jemandem, für den Sie Gefühle haben, eine Beziehung einzugehen.

Das mag grausam sein, aber Emotionen verraten uns nichts über die Realität. Sie sind subjektiv und verraten uns etwas über *unsere Interpretation* dieser Realität. Meistens stimmt Ihre Interpretation – jemand sagt etwas Gemeines und Sie werden zu Recht wütend. Doch Emotionen können fehlgeleitet werden und nach hinten losgehen, wenn sie lediglich das Echo eines Problems Ihrer Vergangenheit sind. Solche Emotionen sind in Ihrer gegenwärtigen Situation schädlich.

Emotionen verraten uns etwas über unsere instinktive Interpretation. Und diese Interpretation besteht aus zwei Komponenten: aus unserer Umgebung und uns selbst. Unsere Emotionen verraten uns etwas über beide Komponenten.

Jetzt, wo wir wissen, was Emotionen sind, können wir lernen, wie man am besten mit ihnen umgeht. Zuerst müssen wir uns dafür von einigen emotionalen Mythen sowie schädlichen Annahmen über Emotionen befreien, die uns einschränken und hemmen.

Mythos 1: Manche Emotionen sind gut und manche schlecht

Einer der verstörendsten Romananfänge stammt aus Albert Camus' *Der Fremde*:

> **Heute ist Mama gestorben. Vielleicht auch gestern, ich weiß nicht. Ich habe ein Telegramm vom Heim bekommen: »Mutter verstorben. Beisetzung morgen. Hochachtungsvoll.« Das will nichts heißen. Es war vielleicht gestern.**[67]

Was diese ersten Sätze so verstörend macht – und dazu dient, die Leserschaft mit der Persönlichkeit des Protagonisten bekannt zu machen –, ist das Fehlen jeglicher Emotionen angesichts der Nachricht, dass seine Mutter verstorben ist. Später im Roman wird diese fehlende Emotionalität als Beweis gegen die Hauptfigur in einem Prozess benutzt. Die Tatsache, dass er keine Trauer angesichts einer so tragischen Nachricht empfindet, deutet scheinbar auf eine schwere Persönlichkeitsstörung hin.

Unser Hang, Emotionen in »gute« und »schlechte« Emotionen zu unterteilen, führt uns in die Irre. Wir streben nach Ersterem und wollen Zweiteres vermeiden. Doch so funktioniert das Leben nicht. Jede Emotion hat ihre Berechtigung. Wenn wir einen geliebten Menschen verlieren, sollten wir Trauer empfinden! In manchen Situationen ist Wut sogar angebracht und klug, denn sie zeigt anderen an, dass sie etwas angestoßen haben, was uns sehr nahegeht. Zu viel Freude wird uns Probleme bereiten, wenn die jeweilige Situation eigentlich mehr Wachsamkeit erfordert.

Wir sollten Emotionen nicht in gut und schlecht aufteilen. Sondern sie uns vielmehr auf einer Skala vorstellen, die von »hilfreich« bis »nicht hilfreich« reicht. Susan David bezeichnet die konventionelle Unterscheidung von Emotionen in gut und schlecht, positiv oder negativ als starr. Sie hält uns

»gefangen in Gedanken, Emotionen und Verhaltensmustern, die uns nicht guttun.«[68]

Was wir uns wirklich wünschen, ist emotionale Beweglichkeit, die Beweglichkeit, flexibel mit den Emotionen, die uns gerade beschäftigen, umzugehen. Solche Beweglichkeit beginnt damit, dass wir erkennen, dass jede Emotion ihren Platz hat (was all jene bereits wissen, die den Film *Inside Out – Alles steht Kopf* gesehen haben).

Ändern Sie also bitte Ihre Einstellung: Es gibt keine guten oder schlechten Emotionen. Nur solche, die hilfreich sind oder eben nicht, je nachdem, in welcher Situation wir uns befinden.

Mythos 2: Negative Emotionen sind nicht gut für Sie

Einmal wurde ich von der finnischen Vereinigung von Krebspatient:innen gebeten, einen motivierenden Vortrag zu halten. In dem Wissen, dass das gesamte Publikum mit Krebs zu tun hatte, dachte ich zweimal darüber nach, was ich sagen und was ich nicht sagen sollte. Ich wusste, dass »Bleiben Sie einfach positiv« eine vollkommen taktlose und unangemessene Nachricht wäre. Denn erkrankt man an Krebs, führt das unweigerlich zu düsteren Gedanken. Und das sollte es auch. »Fuck cancer« ist eine deutlich ehrlichere Kampagne als alle Aufrufe jener gefährlichen, sogenannten »Fachleute«, die online unterwegs sind und behaupten, Krebs könnte durch positives Denken geheilt werden. Der Slogan »Fuck cancer« hat sich in den letzten Jahren rasant verbreitet – und das aus gutem Grund, denn endlich kleidet jemand das in Worte, was jeder Mensch, der an Krebs erkrankt, fühlt. Es gibt viele andere Situationen, in denen negative Gefühle vollkommen angemessen sind.

In der modernen westlichen Kultur ist Intoleranz gegenüber negativen Emotionen fest verankert. Die Diktatur der Positivität lässt uns glauben, mit uns stimme etwas nicht, wenn wir negative Emotionen empfinden. Womöglich stärken wir diesen Trend unbewusst, wenn wir unseren Freunden sagen, sie sollen »einfach positiv bleiben«, »sich zusammenreißen« oder dergleichen. Während es bisweilen bei kleinen Rückschlägen helfen kann, positiv zu denken, ist das im Falle von größeren Problemen oder Schicksalsschlägen nicht so: Rät ein Freund oder eine Freundin uns, »positiv zu denken« oder zu versuchen, das Gute an der Situation zu sehen, dann bekommen wir schlichtweg den Eindruck, er bzw. sie versteht uns nicht oder unser Schmerz interessiert ihn bzw. sie nicht. Solch eine drastisch positive Einstellung lässt uns allein mit unserem Schmerz, den der Freund oder die Freundin – so scheint es – nicht anerkennen will.

Es gibt zwei Gründe, warum wir negative Emotionen nicht vermeiden sollten. Erstens, wir empfinden sie so oder so, ganz egal, ob wir es wollen oder nicht. Wir können nicht durchs Leben gehen, ohne Rückschläge, Enttäuschungen, Verluste oder Abweisungen zu erfahren. Studien haben gezeigt, dass das Streben nach Glücksgefühlen in unangebrachten Situationen – nachdem der:die Partner:in fremdgegangen ist und man die Konfrontation sucht – uns in Wirklichkeit weniger glücklich macht.[69] So ist das Leben nun einmal: Positive und negative Emotionen sind unausweichlich und spielen immer eine Rolle. Ohne Liebe gibt es keinen Liebeskummer.

Zweitens sind negative Emotionen recht häufig nützlich und helfen uns, die richtigen Entscheidungen im Leben zu treffen. Forschungen haben gezeigt, dass negative Emotionen in angemessenen Situationen dazu führen können, dass wir weniger voreingenommen sind und besser argumentieren können, freundlicher sowie aufmerksamer anderen gegenüber sind und dass sie sogar unser Durchsetzungsvermögen stärken.[70] Alle negativen Emotionen haben eine wichtige Funktion. Eine gesunde Portion Wut kann Ihnen dabei helfen, für Ihre Rechte einzustehen, anstatt zuzulassen, dass andere Sie herumkommandieren. Ein vernünftiger Angstpegel hält Sie davon ab, unerwünschte Risiken einzugehen. Negative Emotionen können Ihnen anzeigen, dass etwas in Ihrer Beziehung nicht stimmt oder dass Ihr:e Chef:in ein:e Vollidiot:in ist. So denken Sie sehr wahrscheinlich zweimal darüber nach, ob es etwas gibt, das sich im Hinblick auf Ihr Leben ändern muss.

Wenn Menschen Susan David sagen, sie wollen nicht versagen oder verletzt werden, lautet ihre Antwort meistens, dass diese Ziele leider »Ziele toter Menschen« sind.[71] Für all jene unter uns, deren Herz noch schlägt, werden negative Emotionen zum Leben dazugehören. Traurigkeit zeigt uns, dass wir etwas gefunden haben, das uns wichtig ist, dass wir etwas geliebt haben. Unbehagen verrät uns, dass wir etwas Bedeutsames gefunden haben, für das es sich zu kämpfen lohnt. Dass man Schmerz empfindet, ist eine unweigerliche Nebenwirkung des Lebens.

Im Leben geht es nicht darum, Schmerz zu *vermeiden*, sondern darum, dass Sie Ihren Schmerz *wählen*. Ein besserer Umgang mit Schmerz beginnt damit, dass Sie sich fragen, welche Dinge sind Ihnen so viel wert, dass Sie Schmerz dafür in Kauf nehmen.

Mythos 3: Unterdrücken Sie unerwünschte Emotionen

Wie bereits von mir erwähnt, verbergen die Menschen in Finnland ihre negativen Gefühle nicht, sondern singen sie laut heraus. Das Schlimmste, was Sie mit ungewünschten, negativen Gefühlen machen können, ist zu versuchen, sie zu unterdrücken. Das verstärkt sie nämlich nur, während der vergebliche Kampf die Last nur noch schwerer macht. Alle Gefühle sind Teil unseres Lebens, und vermeiden wir negative Gefühle, dann ist das so, als würden wir Regentage vermeiden.

Das Unterdrücken und Anstauen von Emotionen ist ein dysfunktionaler Umgang mit eben diesen Emotionen, denn so versucht man, seine Emotionen wegzuschieben, nicht über sie nachzudenken, man lässt nicht zu, dass sie aus einem herausbrechen, und macht einfach wie gewohnt weiter.[72] Menschen, die ihre Gefühle unterdrücken, versuchen mitunter, sich selbst abzulenken, indem sie etwas anderes machen, Alkohol trinken oder Drogen nehmen. Es gibt auch Menschen, die gegen ihre Gefühle und somit gegen sich selbst ankämpfen; sie versuchen, sich dazu zu zwingen, etwas anderes zu empfinden, oder machen sich selbst herunter, weil sie die »falsche« Emotion haben.[73] Beide – Unterdrückende und Kämpfende – erkennen nicht die Botschaft, welche ihnen die negative Emotion übermittelt. Stattdessen arbeiten sie in demselben Job weiter, der sie unglücklich macht, ertragen ihn und ignorieren, wie elend sie sich in dieser Rolle fühlen.

Beim emotionalen Jiu-Jitsu ist der schlechteste Move, den wir machen können, eine Emotion zu unterdrücken oder gegen sie anzukämpfen. In unserem Denken gilt: Aufmerksamkeit führt zu Wachstum. Und kämpfen wir gegen etwas an, konzentrieren wir uns darauf. Die starke Emotion, gegen die wir ankämpfen, wird also noch größer. In dieser Hinsicht sind Emotionen wie Kampfsport-Meister:innen, denn sie setzen die Stärke ihres Gegenübers gegen ihn bzw. sie ein.

Leider wurde viel zu vielen von uns beigebracht, unsere Gefühle zu unterdrücken. Der britische Komiker und Schauspieler Robert Webb hat offen darüber gesprochen, wie all das »Sei ein Mann, hör auf zu weinen, bleib hart«-Gerede gegenüber Jungs dazu diente, dass diese »ihre Gefühle ignorierten.« Wenn Jungs ihre Gefühle nicht anerkennen und nicht ausdrücken dürfen, dann äußert sich das viel zu häufig in Wut: »Ich werde wütend, wenn ich Angst habe, ich werde wütend, wenn mir etwas peinlich ist.« Fehlen uns die Fertigkeiten, unsere eigenen Emotionen zu erkennen, und verstecken wir »das vollständige Fehlen von Selbstwahrnehmung unter dem Mantel des Stolzes«, dann führt das dazu, dass »wir unvorbereitet sind auf schwere Zeiten.«[74]

Jungs wird gesagt, dass »große Jungs nicht weinen«, und Mädchen rät man, ihre Gefühle für sich zu behalten. Als der Disney-Film *Frozen* (Deutsch: *Die Eiskönigin – Völlig unverfroren*) einen Riesenerfolg feierte, hatte ich den Eindruck, ein Hauptgrund dafür war Elsas Kampf gegen den Zwang, ein braves Mädchen zu sein, das weder Wut noch negative Emotionen zeigt. In dem Charthit *Let It Go* singt sie davon, dass sie das liebe Mädchen sein muss, das alle Gefühle verbirgt, alles versteckt, was nicht den Erwartungen der anderen entspricht. Im Film singt Elsa diesen Song, als sie ihre Gefühle nicht länger unterdrücken kann. Stattdessen brechen sie auf dramatische Weise aus ihr heraus und enthüllen Elsas Zauberkräfte.

Emotionen brechen früher oder später aus uns heraus, ob wir wollen oder nicht. Und wenn sie uns bereits zu lange begleitet haben, dann brechen sie womöglich zu stark aus uns heraus, was nicht passiert wäre, hätten wir sie eher zugelassen. Wir alle befanden uns sicher schon einmal in einer Situation, wo uns eine Kleinigkeit an unserer besseren Hälfte ein bisschen störte oder ärgerte, wir aber versuchten, dies zu ignorieren. Irgendwann haben wir in einer vollkommen harmlosen Situation vollkommen überreagiert, weil wir eben nicht nur auf die aktuelle Situation reagiert haben, sondern weil sich bis zu dem Zeitpunkt viel mehr angestaut hatte, was wir ignoriert hatten, anstatt es anzusprechen.

Als ich Mitte zwanzig war, litt einer meiner engeren Freunde an Depressionen. Sein Vater riet ihm, darüber zu sprechen – mit seiner Familie und Freunden. Es zu unterdrücken, würde es nur verschlimmern. Also erzählte er mir und seinen Freunden davon, und das half ihm. Statt so zu tun, als wäre alles in Ordnung, sprach er offen mit den Menschen, denen er etwas bedeutete, über seine Gefühle, und das machte die Situation für ihn erträglicher.

Während es Situationen gibt, in denen Sie Ihre Gefühle kontrollieren müssen, ist das gänzliche Unterdrücken dieser Gefühle keine Lösung. Sie müssen Wege finden, Ihre negativen Emotionen herauszulassen: im Gespräch mit Freunden, in Form einer Therapie, durch Singen, Tanzen oder Malen; Sie können sie in einem Tagebuch festhalten, sie beim Laufen in der Natur oder beim Kickboxen herausschwitzen. Auf diese Weise lernen Sie, mit negativen Emotionen zu leben.

Wie Sie am besten mit Ihren Gefühlen umgehen

Ignoriert man seine Gefühle, ist das ehrlich gesagt dumm. Ich hoffe, Sie erkennen nun, dass Gefühle wichtige Informationen über Ihre Situation enthalten. Häufig weisen Gefühle uns auf subtile Zeichen hin, die unser Bewusstsein nicht erkennt. Das heißt, wenn Sie Ihre Gefühle ignorieren, bringen Sie sich selbst in Gefahr.

Emotionen blind zu vertrauen und ihnen zu folgen, ist allerdings auch nicht klug. Gefühle können Sie fehlleiten, wenn sie von einem Trauma aus der Vergangenheit herrühren, wenn Sie eine Situation falsch interpretieren oder wenn Emotionen aufgrund einer evolutionär bedingten Reaktion entstehen, die in unserer modernen Welt nicht mehr angemessen ist.

Was sollen Sie also tun?

Schritt 1: Werden Sie sich Ihrer Emotionen bewusst

Mit den eigenen Emotionen im Einklang zu leben, beginnt damit, sich dieser Emotionen bewusst zu werden. Je weniger Sie selbst Ihre Emotionen wahrnehmen, desto stärker werden Sie von ihnen kontrolliert. Wir alle haben schon Fünfjährige gesehen, die einen Ausraster haben und dabei »ich bin nicht wütend« kreischen. Und wahrscheinlich glauben Fünfjährige das wirklich, denn ihre Welt ist so stark von der Emotion beherrscht, dass sie meinen, alles um sie herum sei *frustrierend*, anstatt zu erkennen, dass sie selbst *frustriert* sind. Das extrem starke Gefühl der Wut hat sie überwältigt, sodass sie nicht mehr in der Lage sind, dieses Gefühl zu erkennen.

Leider geht es vielen Erwachsenen genauso. Sie werden von einer nicht erkannten Emotion überwältigt und reagieren auf die Welt, die sie durch diese Emotion sehen. Vollkommen gestresst schreien sie ihren besten Freund, ihre Partnerin oder ihr Kind an, reagieren übertrieben auf etwas, das der andere getan hat – obwohl der eigentliche Grund, warum sie gereizt sind, bei ihnen selbst liegt. Viele Ehen enden, weil ein Teil die unerkannten emotionalen Lasten aus seiner Vergangenheit falsch interpretiert, nämlich als negative, vom anderen Teil ausgelöste Gefühle.

Eine gute Methode, um sich der eigenen Gefühle bewusst zu werden, ist das Benennen eben dieser – so wie es die Kinder in der finnischen Vorschule lernen. Dafür braucht eine Emotion zunächst einen Namen. Während alle Sprachen ein Wort für Freude oder Glück und Traurigkeit haben, gibt es weitaus komplexere Emotionen, die nur in bestimmten Kulturen erkannt und benannt wurden. Ein Beispiel dafür ist das deutsche Wort *Schadenfreude*, das weltweit bekannt ist. In Finnland hingegen gibt es den Ausdruck *morkkis* – eine Mischung aus Traurigkeit und Bedauern, die man nach einer durchzechten Partynacht empfindet, was Menschen in Großbritannien wahrscheinlich mit *the fear* bezeichnen. *Morkkis* ist eine Art emotionaler Hangover. Manchmal kann dieses Gefühl durch etwas Konkretes, was wir getan oder gesagt haben, ausgelöst werden. Doch meistens handelt es sich eher um eine Mischung aus Reue und Scham, die wir in Bezug auf den vorangegangenen Abend empfinden, ohne dass wir genau sagen können, weswegen. Was die Tatsache, dass sowohl finnische als auch britische Menschen für genau diesen Zustand einen Ausdruck haben, über sie aussagt, vermag ich nicht zu sagen!

Ganz egal, ob Sie Wut, Wehmut, Eifersucht, Schuld oder *morkkis* empfinden, das Gefühl zu benennen, hilft Ihnen, sich dessen bewusst zu werden.

Halten Sie inne und überlegen Sie: Welche Emotion empfinde ich gerade? Wie sollte ich sie nennen? Falls es eine Emotion gibt, die wiederholt auftritt, können Sie dieser ja vielleicht einen Spitznamen geben. Leiden Sie an Lampenfieber, bevor Sie im Rahmen Ihrer Arbeit einen Vortrag halten oder etwas präsentieren müssen, können Sie dieses Gefühl »Powerpoint-Panik« oder »Beamer-Bammel« nennen, damit es sich nicht mehr ganz so einschüchternd anfühlt.

Eine befreundete Forscherin, die sich mit dem Thema Mitgefühl beschäftigt, Miia Paakkanen, hat mir erzählt, wie sie mit schwierigen Gefühlen umgeht. Sie setzt sich hin, nimmt ein Kuscheltier zur Hand, das sie als junges Kind darstellt. Sie umarmt diese Miniversion ihrer selbst und fragt sie: »Wann hast du dieses Gefühl schon einmal gespürt?« Normalerweise fallen ihr ein paar Situationen schnell ein. »Wenn ich jenen Moment aus meiner Vergangenheit, in dem ich das Gefühl hatte, erneut aufgreife und verstehe, wird das Gefühl im Hier und Jetzt greifbarer.« Der Ursache des derzeitigen Gefühls auf den Grund zu gehen, hilft Miia, sich nicht darin zu verlieren, und so kann sie frei wählen, wie sie im Hier und Jetzt mit dem Gefühl umgeht.

Letzten Endes gibt es zwei Arten von Emotionen: erkannte und unerkannte. Zweitere kontrollieren uns im Autopilot-Modus, wenn wir sie und ihren Einfluss nicht akzeptieren. Sie verzerren unsere Erfahrungen, ohne dass wir erkennen, wie diese Erfahrungen sich verändert haben. Lernen wir, unsere Gefühle zu erkennen und zu benennen, ist das ein erster, elementarer Schritt, um uns von ihrem Einfluss zu befreien.

Schritt 2: Gewinnen Sie Abstand zu Ihren Emotionen

Der zweite Schritt besteht darin, dass Sie Abstand zu Ihren Emotionen gewinnen. Das Benennen der jeweiligen Emotion ist ein guter Start, denn so gehen Sie eine Beziehung mit ihr ein. Statt dass die Emotion ganz automatisch Ihren Blick verzerrt, sehen Sie das Gefühl in Aktion; Sie beobachten, wie es *tatsächlich* Ihre Sichtweise der Welt verändert.

Vergessen Sie nicht Folgendes: Sie *sind* nicht Ihre Emotionen. Sie *haben* Emotionen. Eine einfache Technik des Therapeuten Russ Harris besteht darin, anders über unsere Gefühle zu sprechen.[75]

Statt zu sagen: »Ich bin wütend«, sagen Sie: »Ich spüre Wut in mir.« Statt: »Ich bin gestresst« sagen Sie lieber: »Ich merke, dass ich Stress spüre.«

Diese einfache Verschiebung erinnert Sie bereits daran, dass Sie nicht Ihre Emotionen *sind*, sondern Sie Emotionen *haben*. Ähnlich funktioniert der Trick, von sich selbst in der dritten Person zu sprechen. Statt: »Ich bin frustriert« würde ich sagen: »Frank ist frustriert.« Auch diese Methode sorgt für eine gewisse Distanz, sodass man die Emotion etwas objektiver beobachten kann. Ein anderer Trick: Schreiben Sie auf, was Sie fühlen. Wenn Ihr Kopf Ihnen sagt: »Ich bin eine Enttäuschung«, dann hilft es womöglich, diese Aussage zu Papier zu bringen und mehrmals zu lesen, um etwas Abstand zu dem Gefühl zu bekommen.

Beobachten Sie Ihre Gefühle, dann ist eine neugierige Haltung frei von jedem Urteil angebracht. Wie ein Kind, das einen Schmetterling beobachtet, betrachten Sie die Emotion einfach voller Neugier: Welche Eigenschaften hat sie und wie fühlen Sie sich dadurch? »Aha, *so eine Emotion* ist das also«, sollte Ihre Grundeinstellung sein. Sie sollten diese nicht beurteilen, sondern sie so akzeptieren, wie sie ist. Statt sie als ein »gutes« oder »schlechtes« Gefühl einzustufen, nehmen Sie sie einfach hin.

Schritt 3: Akzeptieren Sie Ihre Emotionen so, wie Sie Wolken akzeptieren

Kämpfen wir gegen eine Emotion an, konzentrieren wir uns noch stärker auf sie. Dadurch wird, das wurde bereits erwähnt, die Emotion noch stärker, denn unsere Gedanken kreisen ständig um diese eine Emotion. Stellen Sie sich das Gefühl stattdessen lieber als eine Wolke vor. Gegen diese würden Sie auch nicht ankämpfen, oder? Wenn sich eine Wolke vor die Sonne schiebt, verändern sich die Farben der Welt. Genauso sieht die Welt anders aus, sobald die Emotion da ist. Wie eine Wolke betritt die Emotion die Bildfläche. Und wie eine Wolke wird sie früher oder später auch wieder verschwinden.

Wenn die Emotion aufkommt, behandeln Sie diese als solche: als eine Emotion. Lassen Sie das Gefühl zu, denn es ist unausweichlich. Harris schreibt:

> **»Versuchen Sie nicht, das Gefühl loszuwerden oder es zu verändern. Ziel ist es, das Gefühl so wahrzunehmen, wie es ist, und mit ihm Frieden zu schließen. Konzentrieren Sie sich auf diese Emotion, bis Sie nicht mehr gegen sie ankämpfen.«**[76]

Emotionen sind nicht Sie. Sondern etwas, das Ihnen passiert. Solange Sie gegen eine Emotion ankämpfen, hält diese Sie förmlich fest. Akzeptieren Sie die Emotion und nehmen Sie sie so an, wie sie ist, löst sich dieser Griff. Akzeptieren statt Ankämpfen ist allgemein eine sinnvolle Haltung gegenüber Dingen, die bereits passiert sind.

Trübt eine Emotion Ihren Blick, sagen Sie einfach »Hi« zu ihr, benennen und akzeptieren sie, und dann machen Sie weiter. Lassen Sie los – genau wie Elsa in *Frozen*.

Machen Sie weiter

Der richtige Umgang mit den eigenen Emotionen bedeutet nicht, dass es uns besser geht, sondern dass wir lernen, ein besseres Gespür für unsere Gefühle zu bekommen.[77] Dabei spielen, wie wir gesehen haben, drei Schritte eine Rolle:

1. EMOTIONEN ERKENNEN.

2. ABSTAND ZU IHNEN GEWINNEN.

3. SIE AKZEPTIEREN.

Die Bewusstwerdung sowie Akzeptanz sind die Schlüssel zu einem Leben im Einklang mit Ihren Emotionen. Betrachten Sie Ihre Gefühle wie Wolken: Beobachten Sie, wie sie sich nähern, Ihren Blick verdunkeln und das Erscheinungsbild der Dinge für Sie verändern – und dann beobachten Sie, wie die Wolken weiterziehen.

Natürlich ist all das leichter gesagt als getan. Womöglich wissen Sie ganz genau, wie Sie mit Ihren Emotionen umgehen sollten, aber im Eifer des Gefechts reagieren Sie automatisch, ohne groß zu überlegen. Wir alle machen das. Als Wissenschaftler weiß ich in der Theorie sehr gut, wie man am besten mit Emotionen umgeht. Komme ich nach einer kurzen Nacht sowie einem langen Arbeitstag jedoch nach Hause und eines meiner Kinder ärgert seinen Bruder, sodass der siebte Streit an einem Abend ausbricht, drücke ich meine Emotionen etwas zu laut aus. Da ich gereizt und wütend bin, schreie ich, bevor ich daran denken kann, innezuhalten und meine Emotionen zu benennen und zu akzeptieren.

Niemand ist perfekt, was den richtigen Umgang mit Emotionen anbelangt. Doch das Wichtigste ist: Wir können uns verbessern. Indem wir üben. Lehren wie Stoizismus und Buddhismus beinhalten zahlreiche Übungen, die beim Umgang mit Emotionen helfen können. Auch in Therapieformen wie der Akzeptanz- und Commitment-Therapie (ACT) zielen diverse Übungen darauf ab, Ihnen zu helfen, Ihre Emotionen als Kernbestandteil zu akzeptieren. Möchten Sie mehr über die Akzeptanz von Gefühlen lernen, bieten sich diese Lehren und Therapieformen durchaus an. Sollten Sie an einer Übung scheitern, seien Sie dennoch dankbar dafür, dass Sie üben konnten, und üben Sie einfach weiter. Und weiter. Und weiter. Denn auf diese Weise befreien Sie sich immer mehr aus dem festen Griff Ihrer Emotionen, der Sie gefangen hält. Sie gewinnen stattdessen Freiraum, selbst zu entscheiden, welchen Gefühlen Sie folgen wollen.

Stephen Covey schrieb einmal, dass »es zwischen Stimulus und Reaktion einen gewissen Raum gibt. In unserer Reaktion liegt unser Wachstum und unsere Freiheit.«[78] Das Besondere an uns Menschen ist unsere Fähigkeit, Abstand zu unseren eigenen Emotionen einnehmen zu können. Wir können sie beobachten und entscheiden, ob wir ihnen folgen wollen. Seien Sie Ihren Emotionen gegenüber neugierig; überlegen Sie, was sie Ihnen sagen wollen. So können Sie bewusster, intendierter leben, anstatt lediglich auf Reize von außen zu reagieren. Letzten Endes sind Gefühle bloß Gefühle. Lassen Sie zu, dass sie kommen und gehen. Akzeptieren Sie sie – und machen Sie weiter.

Teil 2

Abschied von Erwartungen

KAPITEL 4

Lassen Sie Ihre Vergangenheit Vergangenheit sein

Vor einigen Jahren bejubelte die internationale Presse Finnlands Regierungskoalition, da sie aus fünf verschiedenen Parteien bestand, deren Vorsitz Frauen innehatten. Und noch dazu waren vier von den fünf Parteichefinnen unter vierzig. In einer Welt, in der die meisten Länder von alten, grimmigen Männern in dunklen Anzügen regiert werden, brachten diese jungen Frauen frischen Wind in die Riege der Machthaber.

Zusätzlich zu diesem hervorragenden Beispiel der Geschlechtergleichheit in nordischen Staaten wurden viele wichtige Ministerien mit Menschen aus benachteiligten sozialen Schichten besetzt. Sanna Marin war mit ihren 34 Jahren die jüngste Premierministerin der Welt, als sie 2019 die Regierung des Landes übernahm. Ihre Mutter war in einem Kinderheim aufgewachsen, ihre Eltern ließen sich scheiden, als sie noch ein Kleinkind war, und ihr Vater hatte Alkoholprobleme. Später verliebte sich ihre Mutter in eine Frau, und Sanna wuchs in einer finanziell schwachen Regenbogenfamilie auf. Als Erste aus ihrer Familie schloss sie das Gymnasium ab, studierte im Anschluss an der Universität und wurde im Alter von 29 Jahren Abgeordnete im finnischen

Parlament. Maria Ohisalo, Innenministerin in Marins Regierung, hatte ebenfalls einen Vater mit Alkoholproblemen. Sie und ihre Mutter verbrachten ihren ersten Geburtstag in einem Frauenhaus, und später, nach der Scheidung der Eltern, war ihre Mutter zeitweise auf Sozialhilfe angewiesen, um die Miete zahlen zu können.

Beide Frauen, Marin und Ohisalo, besaßen die Willensstärke, sich nicht von ihrem sozialen Hintergrund bestimmen zu lassen, sondern hart und fleißig zu arbeiten, um an der Universität studieren und im Anschluss erfolgreiche politische Karrieren aufnehmen zu können. Doch sie hatten gleichzeitig den Vorteil, in Finnland geboren zu sein, wo das Studium an den besten Universitäten des Landes nichts kostet und das Vermögen ihrer Eltern nicht darüber entscheidet, welche Türen ihnen offenstehen. Maria Ohisalo, die ihre Doktorarbeit zum Thema Armut verfasste, betont die Wichtigkeit diverser öffentlicher Dienste, wie kostenlose Vorschulen für Kinder aus benachteiligten Familien wie ihre, damit auch diese im Leben erfolgreich sein können.

Kommen der nötige Wille, die erforderlichen Fähigkeiten und die entsprechende Möglichkeit zusammen, dann können großartige Dinge geschehen.

Man kann nur spekulieren, wie viele große Politiker:innen in anderen Ländern verloren gehen, weil diese Staaten eben nicht ähnliche Möglichkeiten für Menschen aus sozial schwächeren Familien anbieten. Finnland möchte mithilfe stark subventionierter Vorschulen, kostenloser qualitativ hochwertiger Bildung und verschiedenen Hilfsleistungen für Familien sicherstellen, dass der Hintergrund eines Menschen nicht bestimmt, was im Leben aus ihm bzw. ihr werden kann.

In vielerlei Hinsicht ist Finnland also ein guter Ort, um dort geboren zu werden, und ich selbst zähle mich zu den Menschen, die

Glück hatten, in einer Gesellschaft aufzuwachsen, die ihre Bürger:innen in vielen Belangen unterstützt. Die Tatsache, dass ich den Schritt wagte, so etwas Diffuses wie Philosophie zu studieren, verdanke ich in großen Teilen der Tatsache, dass es mich nichts kostete, diese Entscheidung zu treffen.

Habe ich es verdient, in Finnland geboren zu sein? Kann ich mir selbst gratulieren dafür, dass unsere Gründungsväter Finnland zu so einem erfolgreichen Land gemacht haben? Natürlich nicht. Ich wurde ja nicht einmal zu dem Zeitpunkt geboren, als Finnland zu einer eigenen Nation wurde oder meine Großväter in den Schützengräben kämpften, um die Unabhängigkeit dieses Landes zu verteidigen. Warum sollte ich dafür gelobt werden? Ich sollte lediglich dankbar für ihre Errungenschaften sein, durch die meine Generation vieles als selbstverständlich betrachtet: ein Leben frei von Unterdrückung und Hunger, eine Gesellschaft, in der Kinder draußen allein spielen können und in der hochwertige Bildung für alle zugänglich und kostenlos ist.

KAPITEL 4

Akzeptieren Sie Ihren Hintergrund

Sie sind nicht verantwortlich für Ihren Hintergrund. Sie verdienen weder Lob noch Vorwürfe dafür, wer Ihre Eltern sind. Sie hatten keinen Einfluss darauf, wie viel Geld Ihrer Familie zur Verfügung stand, in welcher Gegend Sie aufwuchsen oder welche Arten von Schulen und Hobbys Ihnen offenstanden. Sie wurden schlichtweg in eine bestimmte Familie, in eine bestimmte Lebenssituation hineingeboren, ohne dass Sie persönlich dafür in irgendeiner Weise verantwortlich gewesen wären. Deshalb sollten Sie sich auch nicht für Ihren Hintergrund, Ihre Herkunft schämen, ganz gleich wie benachteiligt Sie dadurch möglicherweise waren oder sind. Sie sollten aber auch nicht stolz darauf sein – denn kamen Sie in den Genuss von Privilegien, dann war das genauso wenig Ihr persönlicher Verdienst.

Menschen machen häufig einen großen Wirbel um ihre familiäre Herkunft, ihre bedeutenden Vorfahren und ihre Abstammung, oder um die Heldentaten ihres Landes. Natürlich können wir für all das *dankbar* sein, doch lassen wir diese Faktoren unser Selbstwertgefühl maßgeblich bestimmen, erinnert das an Kompensation. Machen wir andere herunter und knüpfen unseren Selbstwert an unsere Familie oder unser Heimatland, zeugt dies meistens davon, dass wir unfähig sind, uns selbst zu lieben. Ganz gleich, welche Privilegien Sie genossen

haben, gehen Sie nicht einfach davon aus, diese auch zu verdienen oder durch diese besser als andere Menschen zu sein. Nehmen Sie die Privilegien zur Kenntnis und seien Sie dankbar dafür. Und machen Sie weiter.

Manchmal kommt es vor, dass Menschen ihr Elend als eine Art Ehrenabzeichen tragen, was Ihnen das Gefühl gibt, etwas Besonderes zu sein und von anderen erwarten zu können, dementsprechend behandelt zu werden.[79] Unsere Benachteiligungen zu benutzen, um uns über andere zu stellen, ist nicht besser, als wenn wir eben dieses mittels unserer Privilegien tun. Unsere Vergangenheit sollte uns nicht über andere erheben, aber genauso wenig sollte sie dazu führen, dass wir uns anderen unterordnen.

Egal, welche Benachteiligung Sie erlebt haben oder erleben, diese sind nicht Ihre Schuld.

Es mag unfair erscheinen, dass manche Leute mit so viel mehr Möglichkeiten geboren wurden, als Ihnen zur Verfügung standen oder stehen. Aber das können Sie nicht ändern, also akzeptieren Sie die Tatsache in Ihrem Leben, dass Sie nun einmal härter arbeiten mussten, um das zu erreichen, was andere leichter erreicht haben, nur weil sie das Glück hatten, in die richtige Familie hineingeboren worden zu sein. Akzeptieren Sie ebenfalls die Tatsache, dass andere gegenüber ihren eigenen Privilegien blind sind und deshalb gar nicht erkennen, was Sie wiederum alles leisten mussten, um dahin zu kommen, wo Sie heute stehen. Das Leben ist nun einmal vollkommen ungerecht – wie im Lotto werden Sie in eine bestimmte Familie hineingeboren. Wir können unsere Herkunft, unseren sozialen Hintergrund nicht ändern, genauso wenig wie wir ändern können, dass Glück auf der Welt ungleich verteilt wurde. Stört Sie diese Ungerechtigkeit, dann sollten Sie sich nicht auf die Vergangenheit konzentrieren, sondern stattdessen darauf hinarbeiten, eine Gesellschaft aufzubauen, in der die folgenden Generationen gleiche Chancen haben.

Ich sage nicht, dass es einfach ist, Ihre derzeitige Lage zu akzeptieren. Ich selbst wurde in eine relativ wohlhabende Familie hineingeboren, und während meiner Kindheit blieben meine Eltern zusammen und hatten keinerlei gesundheitliche Probleme, ich wurde weder unterdrückt noch gemobbt und konnte sehr gute öffentliche Schulen besuchen; somit bin ich nicht in der Position, irgendjemandem zu erzählen, wie einfach es ist, sein Schicksal zu akzeptieren. Wären Sie, sagen wir mal, eine Frau in Afghanistan, wo die Taliban Frauen verbieten, in der Öffentlichkeit zu sprechen, eine höhere Schule oder Universität zu besuchen, einen Mann anzuschauen, mit dem sie nicht blutsverwandt oder verheiratet sind, wo die Taliban Frauen zwingen, ihren ganzen Körper und das Gesicht in der Öffentlichkeit unter einem dicken Tuch zu verstecken, was könnte *ich* Ihnen da sagen?[80] Im Angesicht derartiger feindlicher Haltungen und Unterdrückungen wüsste ich nicht, wie ich reagieren würde oder wie gut ich diese massiven Ungerechtigkeiten tolerieren oder akzeptieren könnte. Doch auch in einer derart entsetzlichen Situation gilt:

Je eher Sie dazu in der Lage sind, die Bedingungen, die Sie nicht ändern können, zu akzeptieren, desto mehr Energie bleibt Ihnen, um sich auf jene zu konzentrieren, die Sie beeinflussen können, um kleine Anpassungen zu finden, die Ihre Lage erträglicher machen.

Viktor Frankl schreibt in seinen Beobachtungen als jüdischer Gefangener im Konzentrationslager, dass es damals jene seltsamen Männer gab, »die durch die Baracken liefen, andere trösteten und ihnen ihr letztes Stück Brot schenkten.«[81] Frankl sah dies als Beweis dafür an, dass das letzte Stück Freiheit, welches uns Menschen nicht weggenommen werden kann, die Freiheit ist, »unsere Einstellung zu den Dingen frei zu wählen«. Je grausamer die Umstände, desto schwerer fällt es uns, diese zu akzeptieren und weiterzumachen. Doch je besser wir diese Fähigkeit der Akzeptanz beherrschen, desto freier sind wir.

Sich nicht um unsere Vergangenheit zu kümmern, bedeutet, dass wir sie akzeptieren und Frieden mit ihr finden. Es geht darum, unser Selbstwertgefühl nicht mehr so stark daran zu binden, wo wir herkommen, sondern uns eher darauf zu konzentrieren, wohin wir gehen. Wenn Sie unter außergewöhnlich guten Bedingungen aufgewachsen sind, dann heißt das nicht, dass Sie stolz darauf sein können. Natürlich ist das ein großes Glück, aber es macht Sie in keiner Weise zu einem besseren Menschen. War Ihre Kindheit extrem hart, kann man Ihnen nicht die Schuld daran geben. Zwar ist das grausam, aber es macht Sie in keiner Weise zu einem schlechteren Menschen. Beide Szenarien sind lediglich Startpositionen, und wir allein sind verantwortlich für das, was wir aus diesen Positionen machen. Um es in den berühmten Worten des Psychotherapeuten Alfred Adler auszudrücken: »Entscheidend ist nicht, womit man geboren wird, sondern was man aus seinen Anlagen macht.«[82]

Der Stoiker Epiktet erinnert uns in ähnlicher Weise daran: »Du bist Darsteller eines Stücks, dessen Charakter der Autor bestimmt, und zwar eines kurzen, wenn er es kurz, eines langen, wenn er es lang wünscht. Will er, daß du einen Bettler darstellst, so spiele auch diesen einfühlend; ein Gleiches gilt für einen Krüppel, einen Herrscher oder einen gewöhnlichen Menschen.«[83] Sie haben keinen Einfluss darauf, ob Sie im Jahr 1981, 2001, 1961 oder 1821 geboren wurden. Auch nicht darauf, ob Sie in Finnland, den USA, Indonesien, Ägypten, Ghana oder in Großbritannien geboren wurden – oder in welche Familie oder soziale Schicht. Deshalb sagt Epiktet: »Deine Aufgabe ist es nur, die dir zugeteilte Rolle gut zu spielen; sie auszuwählen, steht einem andern zu.«

Wahrscheinlich haben alle Menschen aufgrund ihrer Herkunft bestimmte Privilegien oder Benachteiligungen mit auf den Weg bekommen. Manche mehr, andere weniger. Statt dagegen anzukämpfen, sollten Sie diese lieber anerkennen und sich sowohl der Privilegien als auch der Benachteiligungen in Ihrem Leben bewusst werden. Je realistischer die Perspektive, die Sie ihnen gegenüber einnehmen, desto besser können Sie sich den Lebenszielen widmen, die sich von Ihrer Ausgangslage aus anbieten. Unrealistische Träume oder die Annahme, Sie verdienen etwas allein wegen Ihres Hintergrundes, können aus Ihrem Leben schnell eine Abfolge herber Enttäuschungen machen. Beginnen Sie dort, wo Sie heute stehen – und wissen Sie, von wo aus Sie beginnen –, und spielen Sie die Ihnen zur Verfügung stehenden Karten so, dass Sie das bestmögliche Leben leben.

Das Leben gibt uns bestimmte Bedingungen vor und wirft uns sowohl in wunderbare als auch grausame Situationen. Doch diese bestimmen weder Ihren Wert, noch was Sie für ein Mensch sind. Letzten Endes gibt es zwei Dinge, die Sie tun sollten: 1. Werden Sie sich Ihres Ausgangspunkts bewusst und akzeptieren Sie diesen, und 2. Machen Sie so viel, wie Sie können und wollen, um dahin zu kommen, wo Sie hinwollen, während Sie anerkennen, dass der Anfangspunkt, den nicht Sie bestimmt haben, darüber entscheidet, wie einfach oder schwer der Weg dahin ist.

Akzeptieren Sie Ihre Vergangenheit

Es ist eine Sache, Aspekte Ihres Hintergrundes zu akzeptieren, für die Sie nicht verantwortlich sind, aber was ist mit den Dingen, für die Sie verantwortlich *sind*? Was ist mit dem einen Tag, an dem Sie wütend wurden und etwas getan haben, was Sie für immer bereuen? Oder dem Tag, an dem Sie nachlässig waren und dadurch der gesamten Familie schadeten? Wie sollen Sie mit all diesen Verfehlungen, Untaten und Situationen umgehen, in denen Sie andere Menschen verletzt haben?

Ganz einfach:

Akzeptieren Sie alles, was Sie getan haben.

Sie können die Vergangenheit nicht ändern. Sie abzustreiten, wird nicht dazu führen, dass sie verschwindet. Akzeptieren Sie Ihre Mängel, den Schaden, den Sie angerichtet haben, und entschuldigen Sie sich bei den Betroffenen. So befreien Sie sich und können sich mit mehr Energie darauf konzentrieren, die Zukunft zu gestalten: Was möchten Sie an sich selbst oder an Ihrer Umgebung ändern, um sicherzustellen, dass ein ähnlicher Fehler nicht noch einmal passiert? Schließen Sie mit sich selbst einen Pakt, um die nötigen Veränderungen vorzunehmen.

Der Philosoph Hugh LaFollette gibt zu, dass er in seiner Jugend ein Rassist war: »Ich wuchs als Ignorant auf, in einem Land von Ignoranten. Ich lief, redete, handelte, dachte und fantasierte wie ein Ignorant.«[84] Er wuchs in den 1950er-Jahren in Nashville, Tennessee, auf; zu der Zeit waren alle um ihn herum rassistisch, und er kannte keine Schwarzen Menschen persönlich, also kannte er keine anderen Denkweisen. Tatsächlich wusste er damals nicht einmal, dass er ein Rassist war, denn er hielt seine und die Denkweise der Menschen um ihn herum ganz einfach für die natürliche Ordnung der Dinge. Wann wurde er moralisch verantwortlich für seine Engstirnigkeit? War er als Fünfjähriger dafür verantwortlich? Oder vielleicht als Fünfzehnjähriger?

Als Hugh LaFollette Mitte zwanzig war, bekam seine Weltanschauung Risse.

»Ich sah und hörte [Schwarzen Menschen] zu, als sie ihren untergeordneten legalen und moralischen Status hinterfragten. Ihre eleganten Worte und mutigen Taten standen im krassen Gegensatz zu meinen ignoranten Gewohnheiten.«[85]

Anfangs konnte er solche Gegensätze noch halbwegs erklären, doch irgendwann beschloss er, dass er »gezwungen war«, sich von jenen überholten Moralvorstellungen wegzubewegen. Zu dem Zeitpunkt erkannte er, dass seine bisherigen Denkweisen hochproblematisch waren, weswegen er eine Entscheidung treffen musste. Was er nicht verändern konnte, lag in der Vergangenheit: All jene rassistischen Dinge, die er bis dahin gesagt oder getan hatte, waren bereits geschehen. Und er konnte sie nicht ungeschehen machen. Da Menschen nicht gern zugeben, dass sie moralische Schwächen haben, entscheiden sich viele an einem solchen Punkt in ihrem Leben dazu, ihre bisherige Position noch stärker zu vertreten, ihre alten Gewohnheiten erst recht aufrechtzuerhalten und zu verteidigen. LaFollette entschied sich für etwas anderes. Er erkannte, dass die Vergangenheit in der Vergangenheit lag, er jedoch noch seine Zukunft beeinflussen konnte. Egal, wie in seinen Denkweisen beengt er aufgewachsen war, von nun an konnte er seine Denkweisen ändern.

Fühlt sich das, was Sie getan haben, zu grausam an, um es zu akzeptieren, dann versuchen Sie dennoch, Ihre Energie auf die Zukunft zu richten. Gleichen Sie die Auswirkungen Ihrer schlechten Taten aus, indem Sie sich einer ebenso guten Tat in der Zukunft verschreiben.

Helfen Sie ehrenamtlich Opfern in vergleichbar schlimmen Situationen. Unterstützen Sie Menschen mit ähnlichen Problemen und helfen Sie ihnen, nicht die Fehler zu machen, die Sie gemacht haben. Je schwerer Ihr Fehler in der Vergangenheit war, desto tiefgreifender sollten die Verpflichtungen sein, die Sie eingehen, um eine positive Auswirkung auf die Zukunft zu haben. Dadurch wird sich die Vergangenheit nicht ändern. Aber die eine Sache, die wir verbessern können, wird dadurch besser: die Zukunft.

Während die Vergangenheit nicht verändert werden kann, können Sie sehr wohl Ihre Einstellung gegenüber der Vergangenheit ändern. Traumatische Ereignisse können uns schwächen, aber ebenso dazu führen, dass wir an ihnen wachsen – und zwar häufiger, als wir meinen. Man hat festgestellt, dass posttraumatisches Wachstum in bestimmten Bevölkerungsgruppen relativ verbreitet ist, wie etwa unter Soldat:innen, die aus Kriegsgebieten zurückkehren.[86] Finden Sie in dem bestimmten Ereignis aus Ihrer Vergangenheit so etwas wie einen Zweck oder Sinn (was wohlgemerkt nicht einfach so passiert oder leichtfällt) – zum Beispiel, dass es Ihnen half, ein besserer Mensch zu werden, oder dass es eine schmerzhafte, aber positive Verwandlung Ihres Selbst anstieß –, dann wird es für Sie leichter, das Geschehene zu akzeptieren und einen Lichtblick darin zu entdecken. Teilen Sie das Erlebte zudem mit anderen, insbesondere Menschen, die ähnliche Traumata erfahren haben, ist das ebenfalls hilfreich.[87] Frieden mit Ihrer Vergangenheit zu schließen, bedeutet, darüber nachzudenken, welche guten Dinge diese Vergangenheit in Ihre Zukunft bringen kann.

Die Vergangenheit kann nur korrigiert werden, indem Sie sich auf die Zukunft konzentrieren

Mein Lieblingsphilosoph John Dewey plädiert für diese Einstellung moralischen Wachstums. Seiner Meinung nach ist niemand »gut« oder »böse«, sondern es gibt in allen Menschen gute sowie böse Neigungen. Dieselbe Beobachtung machte der russische Autor und Nobelpreisträger Alexander Solschenizyn, der acht Jahre in sowjetischen Gefangenenlagern verbrachte, weil er Stalin in privaten Briefen kritisierte. In Stalins Gefangenenlagern läge der Schluss, die Wachen seien böse und die Insassen gut, nahe. Stattdessen aber schrieb Solschenizyn:

»Wenn doch nur alles so einfach wäre! Wenn es doch nur böse Menschen gäbe, die irgendwo heimtückisch böse Taten begehen, und es nur nötig wäre, sie vom Rest von uns zu trennen und zu vernichten.«

Doch »die Grenze zwischen Gut und Böse verläuft nicht zwischen Staaten, auch nicht zwischen Klassen, und auch nicht zwischen politischen Parteien – sondern sie verläuft direkt durch jedes menschliche Herz – und durch alle menschlichen Herzen.«[88] In bestimmten Momenten sind wir alle beinahe Heilige; in anderen wiederum »fast der Teufel«. Solschenizyn selbst ist ein Paradebeispiel dafür: In der westlichen Welt wurde er als Freiheitskämpfer bejubelt, der mutig die Gräueltaten von Stalins Regime aufdeckte, doch gleichzeitig war er ein russischer Nationalist, der Putin lobte und Russland drängte, die Ukraine zurückzuerobern, um das russische Reich zu vergrößern.[89] War Solschenizyn nun Held oder Bösewicht? Wie wir alle war er beides.

Wollen Sie sich nicht eingestehen, dass Sie Schwächen haben und manchmal Fehler machen, dann verschließen Sie sich der Möglichkeit, moralisch zu wachsen. Die grausamsten Verbrechen an der Menschheit wurden in den meisten Fällen von Menschen begangen, die glaubten, sie hätten einen privilegierten Zugang zu »richtigen Grundsätzen« und sie allein besäßen moralische Überlegenheit. Akzeptieren Sie stattdessen lieber, dass Sie hin und wieder verwerfliche Dinge tun, denn so können Sie in der Zukunft ein besserer Mensch werden. Deshalb sagt John Dewey, dass ein guter Mensch »genau jemand ist, der sich der Alternative am stärksten bewusst ist, und der sich am meisten darum bemüht, Öffnungen für das sich neu bildende oder wachsende Selbst zu finden.«[90] Sie sind weder vollkommen böse noch vollkommen gut. Aber: Sie können ein besserer Mensch werden.

Akzeptieren wir, dass Fehler zu machen menschlich ist – denn niemand ist perfekt –, dann können wir unsere Energie auf die Zukunft, auf unser besseres Selbst richten. Kämpfen Sie also gegen die Neigung an, was auch immer Sie getan haben, zu rechtfertigen; denn viel zu leicht gewöhnen wir es uns an, selbst die impulsivsten und unüberlegtesten Handlungen mit Eloquenz zu erklären und zu rechtfertigen. Akzeptieren Sie stattdessen einfach, dass Ihr Handeln das Ergebnis eines schlechten Urteilsvermögens, von Egoismus, gemeiner Rache oder einer anderen schädlichen Motivation war. Übernehmen Sie Verantwortung für das, was Sie getan haben, akzeptieren Sie, dass Sie nicht perfekt sind, und dann verwenden Sie Ihre Energie darauf, in Zukunft ein besserer Mensch zu sein.

Solschenizyn erinnert uns daran, dass selbst in den besten Herzen »eine nicht ausgerottete kleine Ecke des Bösen« steckt, und er nicht wachsen kann, wenn der Mensch mit diesem Herzen seine Energie darauf verwendet, die Taten jener bösen Ecke zu rechtfertigen.

Doch »selbst in Herzen, die vom Bösen überwältigt sind, bleibt ein kleiner Brückenkopf des Guten erhalten.«[91]

Diesen zu pflegen und zu stärken, kann einen Wandel auslösen. Die Vergangenheit ist die Vergangenheit. Die Zukunft befindet sich noch im Entstehungsprozess. Solange wir unsere Vergangenheit nicht akzeptieren, stecken wir in ihr fest. Akzeptieren Sie das, was Sie getan haben, überlegen Sie sich, wie Sie – sofern nötig – Ihre Taten wieder gutmachen können, und nehmen Sie dann Ihr Leben wieder auf und konzentrieren sich auf eine bessere Zukunft.

KAPITEL 5

Blenden Sie das Weltgeschehen aus

Ich schreckte um drei Uhr morgens hoch, als ein alter Fiat neben mir zum Stehen kam. Zwei Männer, beide in schwarzen Oberteilen und Jeans, stiegen aus und liefen in meine Richtung. Ein kurzer Blick um mich herum verriet mir, dass ich allein auf der Straße war – kein anderer Mensch in Sicht. Ich war zwanzig Jahre alt und reiste mit sehr knappem Budget durch Europa. Zu dem Zeitpunkt befand ich mich in Granada – eine laut meinem Lonely-Planet-Reiseführer für Raubüberfälle bekannte Stadt. Als ich feststellte, dass alle günstigen Hostels ausgebucht waren, hielt ich es für eine gute Idee, auf der Straße vor einem Bahnhof mit meinem Rucksack als Kopfkissen zu schlafen – schließlich machten das auch andere Leute und ich war nicht allein. Jetzt jedoch war es mitten in der Nacht, alle anderen waren verschwunden, und die zwei Typen liefen geradewegs auf mich zu.

In den wenigen Augenblicken entschied ich schnell, dass ich es akzeptierte, dass sie sehr wahrscheinlich mein Handy, mein Portemonnaie und womöglich meinen ganzen Rucksack klauen würden. Ich entschied, all ihren Forderungen zuzustimmen, da meine weltlichen Besitztümer den Kampf nicht wert wären. Diese materiellen Verluste zu akzeptieren, erschien mir besser, als in so einem jungen Alter zu sterben. Als einer der beiden Männer ansetzte, um etwas zu sagen, war ich also zur Kooperation bereit.

Zu meiner großen Erleichterung handelte es sich um zwei Polizisten in Zivil, die lediglich wissen wollten, warum ich auf der Straße schlief. Ich erklärte, dass ich kein Geld für ein Hotelzimmer hatte und auf einen Zug wartete, der um sechs Uhr morgens abfahren sollte. Sie akzeptierten diese Erklärung, aber warnten mich, dass es sich um eine ziemlich gefährliche Gegend handelte, und empfahlen mir, ein paar Straßen weiter zu laufen, wo die Bars lange geöffnet hatten, sodass dort noch Leute unterwegs waren und es sich somit um einen sicheren Ort zu so später Stunde handelte.

Das Leben kann uns in Situationen bringen, in denen wir sofort etwas Schlimmes akzeptieren müssen. Wenn wir ein einschneidendes Ereignis verarbeiten müssen, ist es jedoch meistens so, dass dieser Prozess des Akzeptierens über einen längeren Zeitraum stattfindet. In diesen Fällen gilt es zu lernen, das Leben wie ein:e Kaiser:in zu akzeptieren. So wie es Marcus Aurelius in seiner Zeit als römischer Kaiser tun musste.

Akzeptieren Sie das Leben mit Stoizismus

Marcus Aurelius stand einst einem Dilemma gegenüber, welchem die Regierenden unserer Länder 2020 gegenüberstanden: Wie schützt man seine Bürger:innen während einer Pandemie? Er war römischer Kaiser, als im Jahr 165 die Antoninische Pest ausbrach, die verheerenden Schaden im ganzen Römischen Reich anrichtete, in Rom allein täglich 2000 Menschen tötete, und die insgesamt Millionen Opfer forderte – in stark betroffenen Gegenden ein Viertel der Gesamtbevölkerung. Da er nun einmal Kaiser war, erwartete man von Marcus Aurelius, dass er etwas unternahm, um seine Bürger:innen zu schützen. Doch ohne das medizinische Fachwissen der Moderne war er hilflos. Er konnte kaum etwas tun, außer zuzuschauen, wie diese grausame Krankheit durch sein Reich tobte und dabei mehreren, ihm nahestehenden Menschen das Leben kostete.

Was tröstete ihn? Stoizismus.

»Sei wie ein Fels, an dem sich beständig die Wellen brechen: Er steht fest und dämpft die Wut der ihn umbrausenden Wogen!«[92],

schreibt er in seinen *Selbstbetrachtungen*. Äußere Dinge selbst sind nicht das Problem, sondern wie du sie beurteilst. »Wenn ein Gegenstand der Außenwelt dich mißmutig macht, so ist es nicht jener, der dich beunruhigt, sondern vielmehr dein Urteil darüber.«[93] Wir müssen lernen, gleichgültig gegenüber den Dingen zu sein, die wir nicht immer kontrollieren können. »Was hat demnach dieses richtige Verhalten für große Schwierigkeiten? Denn, ist es naturgemäß, so freue dich dessen, und es muß dir leicht sein.«[94] Dies rät Markus Aurelius sich selbst, und Stoiker:innen raten Menschen seitdem genau dasselbe.

Alles beginnt mit der Fähigkeit, zwei Dinge voneinander zu trennen: äußere *Ereignisse* und Ihre *Reaktion* auf diese Ereignisse. Erstere können Sie nicht kontrollieren. Letztere hingegen schon. Diese Unterscheidung bildet den Kern des Stoizismus. Die Welt so zu akzeptieren, wie sie ist, sich durch keinerlei Widrigkeit, welche die Welt uns vor die Füße wirft, beeinflussen zu lassen – dafür setzt sich die stoische Philosophie ein: Der Stoizismus vertritt das Ideal, dass »(…) vielmehr *wir* es sind, die die Vorstellungen von ihnen [der Gegenstände] erzeugen und uns diese gleichsam selbst einprägen, während es uns doch freisteht, dieses Urteil darüber uns nicht zu bilden.«[95]

Näher an unserer heutigen Zeit formuliert der Autor und spirituelle Lehrer Michael Singer diese Einsicht wie folgt:

»Eine der erstaunlichsten Erkenntnisse, die Sie jemals haben werden, ist, dass der Augenblick, der vor Ihnen liegt, nicht Sie ärgert, sondern dass Sie sich selbst über jenen Augenblick ärgern.«[96]

Michael Singer, ein wichtiger Begründer der modernen, kognitiven Verhaltenstherapie, orientiert sich wie viele andere zeitgenössische Autoren – von Massimo Pigliucci über Mark Manson und Ryan Holiday bis hin zu Albert Ellis – an einer philosophischen Lehre, die aus dem antiken Griechenland stammt und ihren Höhepunkt im antiken Rom erlebte, als der ehemalige Sklave Epiktet die römische Elite unterrichtete und Kaiser Marcus Aurelius selbst ein praktizierender Stoiker wurde. Was eine:n Stoiker:in ausmacht, drückt Marcus Aurelius folgendermaßen aus: »Alles, was uns zustößt, mit Ergebung hinzunehmen, wie eine Notwendigkeit, eine bekannte Sache, die mit uns einerlei Quelle und Ursprung hat.«[97]

Stoizismus ist die Kunst des Akzeptierens – die Realisierung, dass, wenn etwas bereits geschehen ist, es zu spät ist, dagegen anzukämpfen. *Es ist, was es ist.* Das ist die Quintessenz des Stoizismus.

Wie Russland den Menschen in Finnland beibrachte, das Leben so zu akzeptieren, wie es ist

Isländer:innen sind bekannt dafür, das Leben stoisch zu akzeptieren – eine Eigenschaft, die häufig darauf zurückgeführt wird, dass es sich um eine Vulkaninsel handelt. Der Isländer Erlingur Erlingsson drückt es so aus: »Stoizismus ist wichtig, um mit der Willkürlichkeit der Natur zurechtzukommen.«[98] Island hat die meisten aktiven Vulkane weltweit, und Erdbeben sind keine Seltenheit – da führen Katastrophen wie der plötzliche Ausbruch auf der kleinen Insel Heimaey im Jahr 1973 die Bewohner:innen die Fragilität des Lebens vor Augen. Der Vulkanausbruch zerstörte 400 Häuser, und die 5000 Inselbewohner:innen mussten evakuiert werden – eine Mahnung für alle Isländer:innen, dass unser Leben auf der Erde ungewiss ist.

Am besten misst man den eigenen Besitztürmern nicht zu viel Wert bei, denn sie können uns jeden Augenblick entrissen werden.

Statt Nervosität kann eine derartige konstante Erinnerung an Vergänglichkeit in uns Menschen ein Gefühl der Ruhe und Gelassenheit hervorrufen. Sobald wir akzeptiert haben, dass wir nichts für selbstverständlich halten sollten, können wir das, was wir haben, besser wertschätzen.

Finnland liegt auf einer stabilen Kontinentalplatte, ohne Erdbeben und Vulkane. Statt geothermaler Aktivitäten sind im Fall der Finn:innen geopolitische Spaltungen der Ursprung ihrer Akzeptanz. Finnland hat 5,5 Millionen Einwohner:innen und teilt 1300 Kilometer der Landesgrenze mit Russland – mit 143 Millionen Einwohner:innen, Atombomben, einer korrupten Regierungselite und einer starken Tendenz, kleine Nachbarn durch militärische Invasionen zu annektieren. Dieser schlafende Drache ist somit die größte existenzielle Bedrohung für Finnland. 2007 sprach der damalige finnische Verteidigungsminister Jyri Häkämies in Washington D.C. und fasste Finnlands zentrale, geopolitische Risiken der letzten hundert Jahre zusammen: »Die drei größten sicherheitspolitischen Herausforderungen für Finnland heute sind Russland, Russland und Russland.«[99] Das war noch Jahre, bevor Russland 2014 die Krim-Halbinsel annektierte und 2022 in der Ukraine einfiel. Aktuell würde Russland die ersten drei Plätze in der Rangliste von Finnlands größten Bedrohungen belegen und die restlichen Kandidaten der Top Ten auslöschen.

Ein Kamerateam der *NBC* hatte im April 2022 im Rahmen einer Finnlandreise ein Fernsehinterview eingeplant, denn in der Folge sollte es darum gehen, warum die Menschen in Finnland so glücklich sind. Nach der russischen Invasion in der Ukraine schauten sie sich die Landkarte an, erkannten, wie nah Russland ist, und sagten die Reise ab. Als Grund nannten sie die instabile geopolitische Situation. Ich antwortete auf ihre Absage mit folgender Erklärung: »Finnland befand sich während der gesamten Unabhängigkeit neben Russland – und wir waren uns der Bedrohung dieses expansiven Landes deutlich bewusst. In diesem Sinne ist der Wille, das Land zu verteidigen, extrem stark ausgeprägt und rund achtzig Prozent der männlichen Bevölkerung (auch ich) dienen sechs bis zwölf Monate in der Armee. Daher ist die finnische Armee, was die militärische Stärke und Ausrüstung angeht, erstaunlich gut aufgestellt für ein Land dieser Größe. Insofern gehe ich nicht davon aus, dass sich die Situation in Finnland in einem Monat oder einem Jahr drastisch verändern wird. Finnland wird noch immer unabhängig sein und mehr oder weniger Säbelrasseln von Russland zu hören bekommen – eine Situation, die sich in den letzten hundert Jahren der Unabhängigkeit nicht wirklich verändert hat.«

Das ist die finnische Realität: das Leben neben einer Militärdiktatur, welche ihre Bürger:innen unterdrückt und dazu geführt hat, dass viele Finn:innen mit einem außergewöhnlich starken Willen und einer stoischen Einstellung ihr Land verteidigen wollen, wohlwissend, dass viele von uns in einem Sarg nach Hause zurückkehren könnten. Lebe frei oder stirb! Das war die Realität der Generation meiner Großeltern – meine beiden Großväter verbrachten ihre Jugend an der Front mit einem Gewehr in der Hand und verteidigten ihr Land gegen die sowjetische Invasion – und genau diese Realität könnte auch die meiner Generation sein. Was soll man auch sonst angesichts der Gegebenheiten machen?

Finnische Politiker:innen zitieren gern die Worte des früheren Präsidenten Juho Kusti Paasikivi, wenn es um geopolitische Angelegenheiten geht:

»Das Anerkennen von Tatsachen ist der Beginn jeder Weisheit. Wendet man sich gegen die Tatsachen, dann ist diese Mühe vergeblich und führt zu keinem erfolgreichen Resultat.«[100]

Diese Worte stammen aus einer Ansprache im Radio, die er als Ministerpräsident am 6. Dezember 1944, dem Tag der Unabhängigkeit, hielt. Im Jahr 1944 hatte Finnland nach drei Jahren Krieg einen strengen Waffenstillstand mit der Sowjetunion unterzeichnet. Finnland hatte Gebiete verloren und musste hohe Reparationen leisten. Ein teurer Preis, den es zu zahlen galt – aber das Wichtigste war, dass Finnland unabhängig blieb. Paasikivi benannte mit lauter Stimme die unerschütterlichen Tatsachen der Situation Finnlands: »Finnlands Außenpolitik wird von der Beziehung unseres Landes zu unserem großen Nachbarn im Osten, der Sowjetunion, beherrscht. Das ist unser wirkliches außenpolitisches Problem, für das wir eine Lösung finden müssen und von dem die Zukunft unseres Volkes abhängt.« Er erklärte, »wir befinden uns an diesem 27. Jahrestag unserer Unabhängigkeit, im sechsten Jahr des größten Krieges der Weltgeschichte, im tiefsten Tal, in das die Ereignisse uns geworfen haben. Der Weg hinaus wird ein schwerer sein.«

Dennoch war er fest entschlossen weiterzumachen:

»Ohne uns anzustrengen, werden wir nicht aufstehen können. Wir brauchen einen festen Griff. Doch jeder Schritt wird uns näher heranbringen an eine stärker von Freiheit geprägte Situation.«

Die finnischen Machthabenden sowie Bürger:innen waren bereit dazu, diese Anstrengungen auf sich zu nehmen, denn trotz des verheerenden Krieges hatten sie es geschafft, das wichtigste Gut zu bewahren – ihre Freiheit: »Unabhängigkeit und Eigenständigkeit sind die Grundbedingungen, ohne die unser Volk nicht glücklich leben und seinen Auftrag erfüllen kann.«[101]

Beurteilen Sie die Lage und nehmen Sie die Tatsachen zur Kenntnis. Schrecken Sie nicht vor der harschen Realität zurück. Akzeptieren Sie sie so, wie sie ist. Und anschließend können Sie, aufbauend auf dieser realistischen Beurteilung der Lage, Ihren eigenen Weg zu jenen Dingen, die Ihnen etwas bedeuten, erarbeiten.

Diese Haltung hatten Finn:innen zwangsläufig vom Krieg gelernt. Und diese Haltung sollten wir alle gegenüber Widrigkeiten im Leben einnehmen.

Von der Theorie zur Praxis: Wie Sie gelassene Gleichgültigkeit erreichen

Wir müssen das Leben akzeptieren, aber der Weg hin zu Gleichgültigkeit und bedingungsloser Akzeptanz des Lebens ist kein Zuckerschlecken. Um dieses Ziel zu erreichen, muss man jahrelang üben. Beim Stoizismus ging es vordergründig nicht um Bücher und Theorien, sondern um eine Lebensart. Man wurde nicht zum Stoiker, indem man die Lehren auswendig lernte und wie ein Stoiker lebte. Stoiker entwickelten mehrere Übungen und Techniken, die man auch heute noch anwenden kann, um das nötige Niveau an Gleichgültigkeit zu erreichen, das uns hilft, selbst mit schweren Unglücken im Leben zurechtzukommen.

Sie können diese Kunst der Akzeptanz praktizieren, indem Sie mit kleineren Dingen beginnen und diese hinnehmen: etwa Banalitäten, die Sie auf der Arbeit stören, oder die Tatsache, dass Sie niemals Spitzensportler:in werden, Rockstar, Balletttänzer:in, Astronaut:in oder

was auch immer als Kind Ihr Traumberuf war. Verfahren Sie ähnlich mit Körperteilen oder Charakterzügen von sich selbst, die Sie noch nie mochten – akzeptieren Sie diese, denn sie müssen akzeptiert werden.

Die eigentliche Prüfung in der Kunst des Akzeptierens ist das Akzeptieren von Sterblichkeit – wenn Sie die Person, die Sie lieben, anschauen und daran denken, dass einer von Ihnen beiden zuerst stirbt und einer zurückbleibt. Markus Aurelius rät uns, uns dieses »Geheimnis der Natur« regelmäßig in Erinnerung zu rufen, bis es uns keine Angst mehr bereitet, sondern zu einem banalen Teil des Kreislaufs des Lebens wird, so wie Trauben, die erst unreif sind, dann reifen und schließlich Rosinen werden:

»Siehe denn also im Ganzen genommen das Menschliche jeder Zeit als etwas Flüchtiges und Wertloses an! Was gestern noch im Keimen war, ist morgen schon einbalsamiertes Fleisch oder ein Haufen Asche. Durchlebe demnach diesen Augenblick von Zeit der Natur gemäß, dann scheide heiter von hinnen, gleich der gereiften Olive: Sie fällt ab, die Erde, ihre Erzeugerin, preisend und voll Dank gegen den Baum, der sie hervorgebracht hat.«[102]

Wollen Sie das Akzeptanztraining intensivieren, dann empfiehlt Aurelius Folgendes: Wenn du dein Kind ins Bett bringst und küsst, dann flüstere dir zu: »Morgen ist es vielleicht tot.«[103] Unsere Sterblichkeit, die grausame Tatsache, dass wir und alle Menschen, die wir lieben, sterben werden, zu akzeptieren, ist meistens die schwerste Lektion der Kunst des Akzeptierens, aber auch die befreiendste.

Ich erinnere mich noch an den Augenblick, als ich meine eigene Sterblichkeit zum ersten Mal akzeptierte, die Tatsache, dass ich eines Tages sterben werde. Ich war siebzehn und per Anhalter zur Sommerhütte unserer Familie gefahren – ein kleines Holzhaus auf einer winzigen Insel in der finnischen Bucht. Die Sonne ging unter, die Schatten wurden länger, und der Wald um die Hütte herum wurde pechschwarz. Wenn wir dort waren, schlossen wir nie die Tür ab. Doch als ich zum ersten Mal allein in der Hütte schlief, spürte ich einen starken Drang, abzuschließen, während ich panisch den Geräuschen von draußen lauschte. »Es gibt keinen rationalen Grund, jetzt Angst zu haben«, redete ich mir immer wieder ein. Weil ich die Angst nicht gewinnen lassen wollte, entschied ich mich, nicht abzuschließen – doch ein Teil von mir war in heller Panik. Um zwei Uhr morgens ging ich ins Bett und versuchte zu schlafen. Doch bei jedem noch so kleinen Geräusch pochte mein Herz bis zum Hals. Waren das Schritte? Hörte ich die Tür, wie sie aufging? Nachdem ich mehrere Stunden wach gelegen hatte, beschloss ich, mir auszumalen, was das Schlimmste wäre, das passieren könnte. Beim nächsten Quietschen, das ich hörte, stellte ich mir einen Mörder vor, der die Tür öffnete. Mit geschlossenen Augen und dem Rücken zur Schlafzimmertür sah ich ihn vor mir, wie er sich hineinschlich, bis zur Schlafzimmertür, wie er mich im Bett entdeckte, noch wenige Schritte, dann stand er neben mir, betrachtete mich stillschweigend. Dann nahm er das Messer heraus, holte mit der Hand aus für den tödlichen Stich und traf meinen Rücken.

Und dann: nichts.

Natürlich war niemand in der Hütte. Doch indem ich zuließ, dass meine eingeschüchterte Fantasie diese Version einmal durchspielte bis hin zur logischen Schlussfolgerung, befreite ich mich von der Macht, die mein Vorstellungsvermögen über mich hatte. Das Schlimmste, was passieren konnte, wäre, dass der nächtliche Killer mich im Schlaf umbringt. Dann würde ich sterben und mich von da an nicht mehr um diese Sache kümmern. Irgendwie sorgte das Akzeptieren dieses möglichen Szenarios, das Durchspielen der grausamen Visionen bis zum bitteren Ende dafür, dass ich ruhiger wurde. Wenn der Tod der schlimmstmögliche Ausgang wäre, dann sei es so. Ich schlief ein und wachte spät am Vormittag auf, während draußen die Vögel zwitscherten und Sonnenlicht den Wald durchflutete.

Den Tod zu akzeptieren, ist eine große Aufgabe. Doch werden wir uns dessen klar, dann fällt es uns leichter, die gemeinsame Zeit zu schätzen und zu nutzen – genießen Sie die einfachen Augenblicke miteinander, denn Sie wissen nie, ob es nicht die letzten sind. Wenn Sie Ihre eigene Sterblichkeit akzeptieren, dann fühlen sich Ihre verbleibenden Tage auf Erden besonderer, kostbarer und schöner an.

Die Tatsache, dass die Zeit vergeht, bedeutet nicht nur, dass das Leben mit dem Tod endet, sondern auch, dass es fortwährend Veränderungen gibt.

Die Sonne geht auf und wieder unter; manche Phasen im Leben enden und neue beginnen. Wie etwa das Heranwachsen Ihrer Kinder. Eines Tages werden sie zum letzten Mal auf Ihrem Schoß sitzen, Ihnen zuhören, wenn Sie eine Gute-Nacht-Geschichte vorlesen. Sie werden sie zum letzten Mal auf einer Schaukel anschubsen. Früher oder später werden Ihre Kinder groß und verlassen das Nest. Ich selbst habe drei Kinder, wobei das jüngste gerade acht Jahre alt geworden ist, und beim

Schreiben dieser Sätze steigen mir Tränen in die Augen, denn mir wird klar, dass wir kein Kleinkind mehr im Haus haben und dass viele der niedlichen Kleinkindhobbys inzwischen durch coole Schulkindaktivitäten abgelöst wurden. Mir kommt es vor, als sei es gestern gewesen, dass der Jüngste nach Schulschluss auf dem Pausenhof in meine Arme rannte. Jetzt läuft er nach der Schule allein nach Hause – außer an den Tagen, an denen er anruft, um uns wissen zu lassen, dass er noch zu einem Freund geht.

Ich zelebriere die großen Schritte, die meine Kinder auf dem Weg zum Erwachsensein gehen: Erst vergangenes Wochenende ging ich mit meinem elfjährigen Sohn ins Kino, wo wir uns *Oppenheimer* ansahen – einen Film darüber, wie die erste Atombombe gebaut wurde, und wir diskutierten die komplexen Aspekte der politischen Entscheidungsfindungen während des Zweiten Weltkrieges. Mich erstaunt es ungemein, wie er heranwächst, dass ich mit ihm solch tiefgreifende Gespräche über die Weltgeschichte führen kann. Doch gleichzeitig ist er nicht mehr das Kleinkind, das jeden Tag nach dem Shuttlebus der Uni Ausschau hielt, weil der Fahrer als Gruß hupte, woraufhin mein Sohn ihm begeistert zuwinkte – er war der treuste Fan des kleinen blauen Busses.

Die Kunst des Akzeptierens ist schwer. Und wenn Ihnen dabei nicht hin und wieder Tränen kommen, dann haben Sie nicht fleißig genug geübt.

Eine andere Technik, die Marcus Aurelius vorstellt, ist es, genau zu untersuchen, was uns stört, und es in die kleinsten Bestandteile zu zerlegen, um so das Ganze möglichst simpel und harmlos erscheinen zu lassen. Als Beispiel nennt er einen Gesang. Möchte man diesem nicht zu viel Bedeutung beimessen, dann solle man ihn »in seine einzelnen Töne« zerlegen und sich bei jedem dieser Töne fragen, »ob dich wohl dieser hinreißen könnte«. Ein einzelner Ton ist schließlich nur ein Ton – ohne emotionales Gepäck. Er empfiehlt dieselbe Strategie für alle Dinge, die uns beschäftigen:

»Denke daran, alle Dinge auf ihre Bestandteile hin zu prüfen, und du wirst bei ihrer Zergliederung zu ihrer Geringschätzung gelangen. Davon mache auch auf dein ganzes Leben die Anwendung.«[104]

Bereitet Ihnen eine einschneidende Veränderung Sorgen – der Verlust der Arbeitsstelle oder vielleicht eine Erkrankung –, dann versuchen Sie, die Auswirkungen dieser Veränderung in die kleinsten, harmlosesten Bestandteile zu zerlegen. Und dann akzeptieren Sie einen nach dem anderen, anstatt die ganze, große Wahrheit auf einmal verarbeiten zu müssen.

Heutzutage leben die Ideen des Stoizismus in der Akzeptanz-und-Commitment-Therapie (ACT) weiter.[105] Dabei handelt es sich um eine Mischung aus Verhaltens- und kognitiver Therapie, die psychologische Unbeweglichkeit – das Verharren in ungesunden Denkmustern – als zentrales Hindernis für das Verfolgen eigener Ziele betrachtet sowie als Ursache vieler mentaler Gesundheitsprobleme. Ziel dieser Therapieform ist, dass Betroffene gegenüber den eigenen Gedanken, Gefühlen und Empfindungen offen sind und sie nicht verändern wollen.

Verschiedene Techniken führen zu dieser Akzeptanz, wie etwa das Beobachten der eigenen negativen Gedanken frei von jedem Gefühl oder das laute Wiederholen eben dieser, bis sie nichts als Laute sind. Wenn ein bestimmtes Denkmuster sich wiederholt (z. B. »Du bist nicht gut genug«, »Du verdienst es nicht, geliebt zu werden«), dann wird dieses Muster herausgegriffen und benannt. Bemerkt man, dass dieses Denkmuster sich wiederholt, dann bedankt man sich bei seinem Verstand für einen derart interessanten Gedanken und macht weiter. Probieren Sie einige der Strategien aus und beginnen Sie so, sich in Akzeptanz zu üben.

Üben statt Lesen

Abschließend betrachtet, ist die einzig vernünftige Einstellung gegenüber all den Dingen, die in der Welt passieren, sie zu akzeptieren. Ob klein oder groß, erfreulich oder grausam, es wird so sein, wie es ist, ganz egal, wie wir darauf reagieren. Also sollten wir das Leben so akzeptieren, wie es ist – weil es nun einmal so ist.

Doch das ist einfacher gesagt als getan, ich weiß. Als Markus Aurelius seine *Selbstbetrachtungen* schrieb, tat er das ursprünglich für einen Menschen: sich selbst. Denn er selbst beherrschte die Lektionen, die er predigte, nicht perfekt. Und genau deshalb schrieb er Ratschläge an sich selbst auf, um seinen Willen, die Kunst des Akzeptierens besser zu beherrschen, zu stärken.

Es ist nun an Ihnen, an Ihrer Bereitschaft und Fähigkeit des Akzeptierens zu arbeiten. Denn Akzeptanz ist nicht einfach etwas, das wir haben oder nicht haben, sondern vielmehr eine Einstellung, die sich durch Übung verbessert. Achten Sie also darauf, dass Sie neben Ihrem täglichen Fitnessprogramm auch ein paar Übungen in der Kunst des Akzeptierens einplanen. Auf diese Weise sind Sie für die schwersten Situationen gewappnet.

KAPITEL 6

Machen Sie sich keine Gedanken um Ihre Erfolge in der Zukunft

Ville Juurikkala, ein finnischer Fotograf, ist bekannt für seine Porträtaufnahmen von Rockstars wie Slash, Steven Tyler von Aerosmith und Chester Bennington von Linkin Park.[106] In jungen Jahren war er bereits erfolgreich, lebte, als er Ende zwanzig war, in Hollywood und bereiste für Musikvideodrehs und Fotodokumentationen die Welt. Und doch war er depressiv, suchte in Alkohol und Drogen einen Ausweg. »In Los Angeles fühlt sich alles wie eine Szene auf der Bühne an. Der Druck, es zu schaffen, ist enorm. Und wenn man es geschafft hat, muss man es erneut schaffen.«[107] Ihm wurde klar, dass er die Stadt verlassen musste, bevor sie ihn umbrachte. Und so ließ er all seine irdischen Besitztümer zurück und begab sich auf eine Pilgerreise entlang des berühmten Camino de Santiago in Spanien.

Unterwegs wurden ihm sein Rucksack, seine Kamera und sein Portemonnaie gestohlen, sodass er die folgenden Wochen ohne Geld weiterwanderte, angewiesen auf die Güte anderer Menschen, um eine

Mahlzeit und ein Dach über dem Kopf zu bekommen. Diese Erfahrung, nichts zu besitzen, zeigte ihm, dass leerer Erfolg ihn nicht glücklich machte. Stattdessen hängt für ihn das Glück nicht von »Äußerlichkeiten« ab, sondern davon, »ob dein Kopf feststeckt oder loslässt.«[108] Als er nichts besaß, hatte er auch nichts zu verlieren, und das war befreiend; er konnte die Gegenwart genießen, anstatt sich zu fürchten, dass er in Zukunft vielleicht nicht mehr erfolgreich sein würde. Ville Juurikkala fotografiert noch immer Rockstars, aber so, wie er es möchte, und nicht aus einem verzweifelten Erfolgsdrang heraus.

Iikka Kokko ist ein finnisches Wunderkind.[109] Mit sechzehn schloss er die Oberstufe der weiterführenden Schule innerhalb eines Jahres ab; gleichzeitig besuchte er bereits Mathematikkurse auf Universitätsniveau, was ebenfalls dem Jahrespensum eines Vollzeitstudiums entsprach. Normalerweise *beginnen* finnische Schüler:innen, wie ich auch, ihre dreijährige Oberstufenzeit mit sechzehn. Iikka Kokko arbeitete parallel noch in einer Apotheke und nahm meist Zwölf-Stunden-Tage in Kauf, um das alles zu erreichen. Mathematik fasziniert ihn einfach –

»bringt man es in der Mathematik weit genug, dann kann man Welten erschaffen und mit ihnen spielen, die in unserer Welt niemals Wirklichkeit wären«,

sagt er –, und er strebt eine Karriere in theoretischer Astrophysik an. Er hat das Talent und die Disziplin. Was möchte dieser vielversprechende junge Mann in seiner Karriere erreichen? »In vierzig Jahren werde ich vollkommen zufrieden sein mit meinem Leben, wenn ich die Karriere eines Durchschnittsforschers hatte. Das reicht mir.«[110]

Iikka scheint die Tätigkeit zu lieben, nicht den Erfolg. Diese gesunde Einstellung wird häufig vergessen, wenn der Drang nach Erfolg stärker ist als die Begeisterung für Forschung, für Lernen und dafür, sich einer Tätigkeit zu widmen und in dieser gut zu sein. Natürlich ist es schön, Dinge zu erreichen, und das Gefühl, etwas gut gemacht zu haben, ist toll! Aber Erfolg um des Erfolgs willen ist die Garantie für ein leeres Leben. Das verzweifelte Streben nach Erfolg ist für gewöhnlich ein klares Anzeichen für das »Ich werde etwas wert sein, wenn …«-Syndrom, bei dem mangelnde Selbstliebe und ein mangelndes Selbstwertgefühl Menschen dazu verleiten, äußerliche Maßstäbe zu erfüllen, weil sie meinen, so ihr Selbstwertgefühl wieder herstellen zu können. Doch das funktioniert nicht. Wenn Sie sich selbst jetzt nicht lieben, dann werden Sie das auch nicht in einem Lamborghini tun. Also gilt es, dies zuerst zu korrigieren. Danach können Sie entscheiden, ob Sie lieber in einem Volvo oder in einem Ferrari Zufriedenheit ausstrahlen möchten.

Ich sage nicht, dass Ihr Ziel Erfolglosigkeit sein sollte. Wenn Sie es richtig anstellen, können Sie sich große Ziele setzen und nach großen Errungenschaften streben. Häufig können Sie sogar erfolgreicher sein als Ihre allein auf Erfolg konzentrierten Kolleg:innen. Doch damit wir das Pferd an dieser Stelle nicht von hinten aufzäumen, lassen Sie uns zunächst Ihre Einstellung zu Erfolg überdenken.

KAPITEL 6

Konzentrieren Sie sich auf den Prozess, nicht auf das Ergebnis

Beim Poker gilt es, auch in einer angespannten Situation die Nerven zu bewahren. So wie Ilari Tahkokallio, als er in Berlin in einem wichtigen Turnier spielte. Mitten in einem Spiel schrien die Anwesenden plötzlich auf, Panik breitete sich aus einer Ecke des Saals aus, die Menschen eilten Richtung Ausgang, rannten dabei Pokertische um. Im Saal nebenan, wo das Bargeld aufbewahrt wurde, fand ein bewaffneter Raubüberfall statt. Die Räuber konnten fliehen, und nach ein paar chaotischen Stunden wurde beschlossen, das Turnier weiterzuführen.

Die Spieler nahmen wieder an ihrem Tisch Platz und kontrollierten mithilfe von Videoaufnahmen, ob sie die richtige Anzahl an Pokerchips hatten. Wie durch ein Wunder lagen die Karten der unterbrochenen Spielrunde noch immer, scheinbar unberührt, auf Ilaris Tisch. Ilari hatte ein Ass und eine Zehn auf der Hand, sein Gegner ein Ass und eine Königin. Der Schiedsrichter des Turniers erklärte, dass es angesichts der Unterbrechung besser sei, dieses Blatt zu schmeißen und die Karten neu zu geben. Doch der gegnerische Spieler protestierte: Er hatte die

besseren Karten auf der Hand und all seine Chips eingesetzt. Wenn er diese Runde gewann, könnte dieser Sieg das Turnier entscheiden. Der Schiedsrichter sah zu Ilari und fragte: »Was sollen wir tun?«

Ilari musste sich entscheiden: Seine Chancen standen sehr schlecht. Er würde nur gewinnen, wenn die letzte gezeigte Karte eine Zehn wäre. In allen anderen Fällen würde er verlieren. Seine Chance zu gewinnen, lag bei 1:13. Im Nachhinein sprach Ilari mit anderen Spielern über seine Lage; viele Kollegen sagten, sie hätten nicht weitergespielt, da die Chancen derart schlecht standen. Der Überfall hatte ihm die Möglichkeit gegeben, sich aus einer misslichen Lage zu befreien, er hätte diese nutzen sollen. Doch seine finnischen Kollegen waren sich einig, dass sie weitergespielt hätten, um den Geist des Spiels zu ehren. Auch Ilari tat genau das. Er verlor zwar diese Hand, spielte jedoch insgesamt so gut im Turnier, dass er Zweiter wurde und 600.000 Euro mit nach Hause brachte.

Wollen Sie gut Poker spielen können? Wenn ja, dann lernen Sie lieber, den Prozess zu lieben, nicht das Ergebnis. Denn Ersteren können Sie kontrollieren, Letzteres jedoch nicht. Poker ist ein Glücksspiel. In jedem beliebigen Spiel haben Sie ein paar Karten auf der Hand, wenn der Kartengeber die letzte Karte aufdeckt. Sind Sie gut in Mathe, dann können Sie sich vielleicht ausrechnen, dass Sie – sagen wir – eine 86-prozentige Chance zu gewinnen haben. Also Zeit, etwas Geld einzusetzen. Doch Vorsicht:

Ganz egal, wie gut Ihre Hand ist, es gibt immer noch die vierzehnprozentige Chance, dass Sie alles wieder verlieren.

Ich habe mit Ilari und ein paar anderen professionellen Pokerspielern über ihre Einstellung zum Spiel gesprochen. Poker ist ein Spiel mit wenig Spielraum. Selbst gute Spieler haben Tage, an denen es scheint, als wären sämtliche Chancen gegen sie. Sie treffen alle richtigen

Entscheidungen und verlieren dennoch immer mehr Geld. Manchmal kann einen das Pech wochen- oder monatelang verfolgen, doch man muss dem System weiter vertrauen, selbst wenn das bedeutet, jeden Abend tausende Euro zu verlieren; solange man die richtigen Entscheidungen trifft, sollte man auf lange Sicht gewinnen. Also analysieren Sie Ihr Spiel, korrigieren Sie Ihre Strategie, wenn Sie darin Fehler finden – und spielen Sie weiter.

Betrachtet man die einzelnen Abende, so können Prozess und Ergebnis vollkommen unabhängig voneinander sein. Ihre Spielzüge waren womöglich allesamt gut überlegt, doch wenn das Glück im entscheidenden Augenblick gegen Sie war, dann kommen Sie wahrscheinlich um 10.000 Euro ärmer nach Hause. An einem anderen Abend machen Sie wiederum einige schwerwiegende Fehler – aber, da das Glück auf Ihrer Seite ist, gewinnen Sie 20.000 Euro dazu. Wollen Sie im Geschäft bleiben und Ihr Können verbessern, dann sollten Sie Ihr Spiel nicht anhand der Ergebnisse beurteilen. Manchmal treffen wir die richtigen Entscheidungen und verlieren; manchmal machen wir Fehler und gewinnen dennoch.

Um im professionellen Pokerspiel zu überleben, zu lernen und zu wachsen (und nachts ruhig schlafen zu können), müssen Sie sich einfach nur auf den Prozess konzentrieren, nicht auf die Ergebnisse.

Das gilt für das Leben im Allgemeinen. Ganz egal, in welchem Bereich, die Ergebnisse können wir nie vollständig kontrollieren.

Glück spielt eine größere Rolle in unserem Leben, als wir normalerweise zugeben wollen.

Im Berufsleben habe ich gelernt, die Vorsitzenden zu respektieren, die offen zugeben, dass sie Glück hatten. Diejenigen hingegen, die nicht anerkennen, welche Rolle Glück in ihrem Leben gespielt hat, neigen zu einem aufgeblähten Ego, das mit jedem Triumph weiterwächst, bis sie sich quasi unbesiegbar fühlen. Wenn es so weit ist, kommt es unausweichlich zum Zusammenbruch. Neulich las ich in der *Harvard Business Review*, dass diese bescheidenen Führungskräfte in der Lage sind, »das Wohlergehen des Unternehmens über ihr Ego zu stellen« und sie letztendlich so stärkere und innovativere Firmen aufbauen.[111] Während wir modernen Menschen manchmal dem selbstverliebten Irrglauben verfallen, alles läge in unseren Händen, verfügen die meisten Kulturen über eine Methode, die sie daran erinnert, welche Rolle Glück in ihrem Leben spielt. Die Alten Stoiker fügten, wenn sie ein Ziel formulierten, für gewöhnlich Folgendes hinzu: »sofern das Schicksal es will.« So wie in »Wir werden nach Athen segeln, sofern das Schicksal es will.« Im Christentum etablierte sich *Deo Volente*, was so viel wie »So Gott will« bedeutet, womit Christen in ähnlicher Weise hervorheben, dass das Schicksal jeden Unterfangens teils in den Händen höherer Gewalten liegt. Das muslimische *inshallah* bedeutet »wenn Gott will«. Jeder dieser Ausdrücke erinnert uns daran, dass unser Schicksal letzten Endes nicht allein in unseren Händen liegt.

Als ich dreißig wurde, entschied ich, eine Bucket List mit den Dingen aufzuschreiben, die ich noch tun möchte, bevor ich sterbe (sofern das Schicksal es will), und diese Liste ist noch immer online einzusehen.[112] Darauf standen ein paar Klassiker, wie einen Marathon laufen (erledigt) und einen Ozean in einem Segelboot überqueren (noch zu erledigen). Aber wenn ich an meine Karriere dachte, fielen mir keine Meilensteine ein, die mich genug reizten, um es auf die Liste zu schaffen. So wurde mir klar, dass ich meinen Job nicht ausübte, um einen bestimmten Titel, Preis oder eine bestimmte Auszeichnung zu erhalten.

Mir wurde klar, das Beste an der Arbeit in der Forschung war, dass man mit Schreiben sein Geld verdienen konnte – denn ich mag nichts mehr, als jeden Morgen ein paar Stunden in einem Café zu schreiben – und dass man Teil einer Gemeinschaft ist, in der man Dinge, die einen begeistern, mit den hellsten Köpfen auf der Welt diskutieren kann. Würde ich in der Lage sein, genau diese Dinge zu tun, dann wäre ich glücklich, ganz egal, welcher Titel auf meiner Visitenkarte steht. Deshalb standen auf meiner beruflichen Bucket List Punkte, die mit der Forschungsgemeinschaft zu tun hatten: »mindestens fünf Professor:innen so gut kennen, dass ich sie Tag und Nacht anrufen könnte, wenn mir eine spannende Idee kommt« (erledigt) und »zu den Menschen gehören, die in der Danksagung des ersten bahnbrechenden Buches eines:einer zukünftigen Philosoph:in stehen« (noch zu erledigen). Dann gab es Punkte, die mit dem Schreiben zu tun hatten: »ein Buch in akademischer Philosophie schreiben« (noch zu erledigen) und »ein Buch über ein glückliches Leben für ein breiteres Publikum schreiben« (mache ich gerade). Während ich in meiner wissenschaftlichen Karriere zunehmend gute Ergebnisse verbuchte, ist es in Wirklichkeit das Untersuchen und Forschen selbst, das mich so fasziniert.

Als ich Kurse zum Thema *Gut und glücklich leben* an der Aalto-Universität hier in Finnland unterrichtete, bat ich meine Studierenden häufig um etwas Ähnliches – um ein paar Gedanken zu ihren Träumen und Zielen im Leben. Mich erstaunte, wie normal die Wünsche der meisten jungen Menschen waren. Es handelt sich schließlich um eine hochkarätige Institution, die nur ausgewählte Studierende annimmt und dessen Absolvierende wiederum die Toppositionen in den größten Unternehmen des Landes besetzen. Und dennoch hegen die meisten Studierenden keine großen Wünsche, was ihre Zukunft anbelangt, sondern wünschen sich eher gewöhnliche Dinge: einen Job, der sie interessiert und herausfordert, sich ein Haus leisten zu können, zu heiraten und eine Familie zu gründen – mit oder ohne Golden Retriever. Bitte verstehen Sie mich nicht falsch, diese Studierenden sind gleichzeitig ehrgeizig, viele werden von McKinsey, Accenture oder anderen weltweit agierenden Beratungsunternehmen eingestellt, wenn sie nicht ihr eigenes Start-up gründen (viele Unicorns – also Start-ups, die von Investoren mit mindestens 1 Milliarde US-Dollar bewertet werden – wurden von unseren Alumni gegründet).

Viele haben die nötigen Fähigkeiten und den Willen, sich anzustrengen, um es zu schaffen.

Doch ob sie ein zufriedenes Leben führen, hat nichts mit ihren Karriereambitionen zu tun. Wie weit sie die Karriereleiter erklimmen, definiert nicht ihren Selbstwert. Schon im jungen Alter wurde ihnen klar, dass ein gutes und bedeutsames Leben mehr ist als ihr Monatsgehalt und Titel. In dieser Hinsicht verkörpern sie die gesunde, finnische Einstellung zu einer Karriere, die unsere Chancen, Erfolg zu haben, nicht schmälert, sondern uns widerstandsfähiger macht in den Zeiten, in denen nicht alles nach Plan verläuft.

Das ist die erste Lektion, wenn es um Ihre Einstellung zum Erfolg geht: Konzentrieren Sie sich auf den Prozess, nicht auf das Ergebnis.

Wie Versagensangst den Sieg verhindert

Bei der Fußballweltmeisterschaft 2018 schaffte England es ins Halbfinale – die beste Leistung seit 28 Jahren. Noch erstaunlicher war, dass die Mannschaft den Elfmeterfluch brach, der sie seit Generationen verfolgt hatte, als sie Kolumbien im Achtelfinale schlugen. Dieser extrem stressbelastete Moment war selbst für die besten englischen Spieler derart nervenaufreibend, dass sie bis dahin sämtliche WM-Elfmeterschießen verloren hatten. Doch 2018 war die englische Mannschaft von einer neuen, nie zuvor gesehenen psychologischen Stärke und spielerischen Leichtigkeit erfüllt. Ich weiß noch, dass ich damals in der Presse ein Foto sah von Harry Maguire, Jordan Pickford und anderen Spielern, die während des Turniers in einem Pool mit aufblasbaren Einhörnern spielten.[113] Zu dem Zeitpunkt wusste ich, etwas Grundlegendes hatte sich in der Psyche der Mannschaft verändert. Nie im Leben hätte man sich ein ähnliches Verhalten bei Paul Gascoignes Generation vorstellen können. »Aufgeregt, nicht nervös«, lautete die Einstellung

des Teams nun – zuvor war das Gegenteil der Fall und hatte für verheerende Auswirkungen in den entscheidenden Augenblicken gesorgt. Nicht nur der Coach, Gareth Southgate, war verantwortlich für dieses neue Selbstverständnis der englischen Mannschaft, sondern auch Dr. Pippa Grange, die Teampsychologin.

Im Leistungssport versperrt häufig Angst den Weg zum Erfolg. Man hat so sehr Angst zu verlieren, den Elfmeter zu versemmeln, wenn die ganze Nation einem zusieht, dass man sein Selbstvertrauen verliert – und am Ende scheitert. Die vorherigen Generationen professioneller englischer Fußballspieler waren ernste Gesellen. Und mit »ernst« meine ich, dass sie ihre Gefühle auf Abstand hielten, weswegen sie unter extremem Erfolgsdruck nicht in der Lage waren, mit ihren Gefühlen umzugehen.

Dr. Grange hilft Spitzensportler:innen und anderen Menschen dabei, weniger Angst zu empfinden – und so mehr zu gewinnen. Sie beschreibt zwei Arten des Gewinnens: *flaches Gewinnen* (Englisch: *win shallow*) und *tiefes Gewinnen* (Englisch: *win deep*). Ersteres wird von Angst angetrieben. Als Beispiel nennt sie einen hochkarätigen Fußballer, dem sie den Namen »Paul« gibt, um seine wahre Identität zu schützen: Paul hat sich in beruflicher Hinsicht all seine Kindheitsträume erfüllt, sogar den Pokal in den Händen gehalten, den, als er Kind war, seine Lieblingsmannschaft gewonnen hatte.

»Alle haben Bier getrunken, gelacht und gesungen, ich habe mitgemacht, fühlte mich aber nur leer.«

Er hatte seine Freude und Leidenschaft für das Spiel verloren – und das aufgrund der Panikmache des Clubs, der sich ausschließlich aufs Nicht-Verlieren konzentrierte und dessen Trainer ihm nach seiner Hüftverletzung als Erstes erklärte, dass es da draußen »unzählige junge Talente gibt, die dein Trikot tragen wollen, und die alle besser sind als du.«[114]

Beim tiefen Gewinnen ist es nicht die Angst zu scheitern, die Erfolge motiviert, sondern es geht vielmehr um »Entwicklung und Erfahrung und Verbindung«: Auf dem Spielfeld ist man die bestmögliche Version seines Selbst. Dabei geht es nicht um das verzweifelte *Bedürfnis* zu gewinnen, und doch ist das *Gefühl*, wenn man gewinnt, ein intensiveres und freudigeres.

Erfolg hat in diesem Fall nichts mit unserem Selbstwert als Mensch zu tun, sondern ist die positive Erfahrung, etwas Großes erreicht zu haben.

Dr. Grange führt in diesem Zusammenhang Andy Ruiz Jr. als Beispiel an: Er schlug den amtierenden Weltmeister im Boxen Anthony Joshua in der siebten Runde der Box-Weltmeisterschaft 2019. Er war eindeutig der Underdog und konnte es nicht fassen, als er gewann: »Ich kneife mich immer noch, weil ich nicht glauben kann, dass es wahr ist … Dafür habe ich mein ganzes Leben lang gearbeitet.«[115]

Wir strengen uns an – Leistungssportler:innen strengen sich ungemein an –, um unsere Chancen auf Erfolg zu steigern. Doch wir haben das Ergebnis nie in der Hand. Weder im Sport noch in allen anderen Lebensbereichen. Alles, was wir tun können, ist unser Bestes zu geben, uns auf den Prozess zu konzentrieren, und die Ergebnisse werden folgen, oder nicht. »Ergebnisse sind der Ausgang, nicht dein Selbstwert« – so fasst Dr. Grange es zusammen.[116]

Viele finnische Leistungsportler:innen vertreten ebenfalls diese Haltung. Wilma Murto ist Europameisterin im Stabhochsprung und gewann Bronze bei der Weltmeisterschaft. Als ich sie nach ihren Zielen fragte, antwortete sie mir, sie glaube nicht, dass nur die Goldmedaille zähle und alles andere eine große Enttäuschung sei. »In meinen Augen ist das Beste am Sport, dass sich jeden Tag eine neue

Gelegenheit bietet, und jetzt habe ich eine realistische Chance auf die WM-Goldmedaille.«[117] Doch bevor Wilma so weit war, dass sie Chancen auf das Podium hatte, machte sie ein paar schwere Jahre durch. Als Jugendliche war sie eine Sensation: Im Alter von nur 17 Jahren brach sie den U20-Weltrekord im Stabhochsprung und erreichte 2016 eine Höhe von 471 Zentimetern. Allerdings ließen ihre Leistungen in den darauffolgenden, düsteren Jahren nach, und sie brauchte ganze fünf Jahre, bis sie erneut so hoch springen konnte. Ein:e Sportler:in mit Fokus auf den Ausgang beziehungsweise auf Ergebnisse hätte jene Jahre mit mittelmäßigen Leistungen als unerträglich empfunden. Aber Wilma konzentrierte sich auf den Prozess: »Die entscheidende Kraft damals war mein innerer Antrieb, meine Leidenschaft und der Glaube daran, dass ich es irgendwie da raus schaffen würde.«[118] Heute, mit einigen Medaillen in der Tasche und den besten Jahren vor ihr, ist ihr Vertrauen in die eigenen Fähigkeiten stärker. Sie ist dankbar, dass der Prozess sie hierhin gebracht hat, und kann sich nun auf ihre Leistungen im Stadion konzentrieren, ohne den Erfolgsdruck, unbedingt Gold holen zu müssen. Paradoxerweise kann man sich in dieser Sportart, bei der man knapp fünf Meter über dem Boden in einer hoch komplizierten Bewegung über eine Stange mit nur wenigen Zentimetern Spielraum schwebt, nur mittels voller Konzentration auf den Prozess selbst übertreffen und Gold gewinnen.

Genau darin besteht das Paradoxon: Konzentrieren wir uns auf den Prozess, erzielen wir meistens bessere Ergebnisse, als wenn wir uns direkt auf eben diese Ergebnisse konzentrieren. Sorgen Sie sich weniger um die

Ergebnisse und richten Sie dafür Ihre volle Aufmerksamkeit darauf, den Prozess zu verbessern, dann werden Sie Ihre ergebnisorientierten Kolleg:innen übertreffen. Das Leben ist nicht fair: Die Menschen, die tendenziell weniger wollen, kriegen meistens am Ende mehr. Nicht, weil sie weniger dafür tun würden – sie sind womöglich genauso besessen von der jeweiligen Aufgabe (sei es Arbeit, Sport, Kunst oder etwas anderes). Sondern weil sie ihren Fokus, ihre Besessenheit und ihre Bemühungen auf den Prozess richten anstatt auf das Ergebnis.

Konzentrieren Sie sich darauf, möglichst nicht zu verlieren, dann können Sie nur flach gewinnen. Probieren Sie allerdings voller Begeisterung, den Prozess zu verbessern, dann stellen Sie die Weichen für tiefes Gewinnen.

Zudem werden Sie, sofern Ihr Fokus dem Prozess gilt, mehr Spaß unterwegs haben. Ein streng auf das Ergebnis gerichteter Fokus verwandelt sämtliche Schritte auf dem Weg zu eben diesem Ergebnis in eine endlose Abfolge von Pflichten. Alle Stunden, die Sie investieren, sind nur wertvoll, wenn sie auch wirklich zu dem angestrebten Ergebnis führen. Erreichen Sie dieses Ergebnis, haben Sie trotzdem all jene Stunden vergeudet, denn in diesen Stunden haben Sie kaum Aufgaben erledigt. Erreichen Sie das Ergebnis nicht, dann sind all jene mühsamen Stunden gänzlich vergeudet.

Das gilt nicht für die Menschen, die sich auf den Prozess konzentrieren. Denn sie leben, während sie die nötigen Aufgaben oder Schritte erledigen. Die darauf verwendeten Stunden bescheren ihnen Freude und geben ihrem Leben eine Bedeutung, ganz egal, wie das Ergebnis aussieht. Das, was letzten Endes herauskommt, ist sozusagen das I-Tüpfelchen, doch der eigentliche Wert ihres Tuns entsteht *während* des Tuns und nicht *danach*.

Wollen Sie mehr leben? Wollen Sie, dass Ihre investierten Stunden und Ihr Tun zählen? Dann lernen Sie, den Prozess wertzuschätzen, und überlassen Sie das Ergebnis der Gnade des Glücks!

Erfolg ist eine Falle

Vielleicht haben Sie jahrelang Erfolg angestrebt, und dann ist er endlich eingetreten – Sie haben es geschafft. Das ist womöglich das Schlimmste, was Ihnen passieren konnte!

In der Schule war ich sehr gut in Mathematik. In der Grundschule meisterte ich jeden Test mit Bestnote. Das schlechteste Ergebnis, das ich in meinen ersten neun Schuljahren je erzielte, waren 22 von 24 Punkten in der vierten Klasse – ich hatte alle Antworten richtig, aber das »cm« fehlte bei vier Ergebnissen, wofür mir je ein halber Punkt abgezogen wurde. In allen anderen Tests bekam ich die volle Punktzahl oder maximal einen Punkt Abzug. In der Oberstufe brillierte ich anfangs weiter in Mathe. Doch im zweiten Jahr bekam ich zum ersten Mal keine Bestnote. Meine erste Reaktion: sofortige Erleichterung. Ich war weder enttäuscht noch frustriert, dass ich es nicht geschafft hatte, die guten Noten aufrechtzuerhalten, sondern einfach nur erleichtert.

Mein Erfolg in Mathematik war zu einer Belastung geworden. Ich hatte das verzweifelte Bedürfnis, erfolgreich zu sein, die Standards, die ich mir selbst gesetzt hatte, zu erfüllen, und den ewigen Lobeshymnen der Lehrkräfte gerecht zu werden. Doch nun war ich davon befreit.

Meine Leistungen ließen deshalb nicht nach. Auch in meinen letzten Schuljahren erhielt ich sehr gute Noten. In der landesweiten Abschlussprüfung bekam ich 58 von 60 möglichen Punkten und gehörte somit zu dem besten einen Prozent in ganz Finnland. Nach diesem einen Ausrutscher war ich nicht mehr so nervös bei Prüfungen. Ich gab mein Bestes, aber hatte keine Versagensängste mehr. Ich konzentrierte mich auf den Prozess, nicht auf das Ergebnis.

So machte Mathematik noch mehr Spaß, und der Stress wurde weniger. In meinem Fall war es Mathe; bei anderen ist es vielleicht Englisch, Geschichte, Fußball, Klavier spielen, Zeichnen oder welches Talent auch immer.

Erfolg kann zur Falle werden. Sie erzielen so gute Ergebnisse, dass Sie diese auch in Zukunft erwarten. Noch schlimmer: Alle Menschen um Sie herum erwarten nur noch Erfolge von Ihnen. Ihre Eltern geben vor Verwandten, im Freundeskreis und vor anderen mit Ihren Schulnoten, Ihren Hobbys oder Ihrem tollen Job an. Ihre Lehrkräfte oder Vorgesetzen betonen, welche guten Leistungen Sie bringen.

Natürlich ist das alles an sich schön und kann Ihr Selbstwertgefühl steigern. Aber es ist gleichzeitig auch eine Falle. Es ruft in Ihnen Versagensängste hervor. Sie treffen Entscheidungen, um sicherzustellen, dass dieses erfolgreiche Bild von Ihnen erhalten bleibt. Sie wollen die Menschen in Ihrem Leben, die Ihren Erfolg loben, nicht enttäuschen, weshalb Sie sich verpflichtet fühlen, die nächste Prüfung ebenfalls mit Bestnote zu bestehen oder bald schon die nächste Beförderung zu sichern. Nicht weil Sie lieben, was Sie tun, sondern weil Sie das Bild, das andere von Ihnen haben, aufrechterhalten wollen.

Anders ausgedrückt, der Erfolg sorgt dafür, dass Sie sich noch mehr auf Ihren Erfolg und noch weniger auf den Prozess konzentrieren.

Das schadet nicht nur Ihrem Wohlbefinden, sondern reduziert auch Ihre Chancen auf Erfolg in der Zukunft. Optimales Lernen bedeutet, dass Sie an Ihre Grenzen gehen, Herausforderungen annehmen, die so schwer sind, dass Sie scheitern können. Gehen Sie nämlich bis an Ihre Grenzen, so ist das gut für langfristigen Erfolg und konfrontiert Sie mit kurzfristigen Misserfolgen. Wenn Sie unmittelbare Erfolge brauchen, dann gehen Sie auf Nummer sicher und tun nur die Dinge, von denen Sie sicher wissen, dass Sie sie schaffen, und lernen so weniger.

Denken Sie daran: Komplimente und Lob sorgen indirekt dafür, dass Sie sich nicht länger auf den Prozess konzentrieren, sondern zu einem ausschließlich erfolgsorientierten Leistungsmenschen werden, der die Erfahrung, durch Fleiß und Anstrengung zu lernen und zu wachsen, nicht länger wertschätzt.

Sie verdienen Ihren Erfolg nicht

»Jeder Mensch ist seines Glückes Schmied.« Diesen Spruch haben Sie bestimmt schon einmal gehört. Vielleicht hat ein Selfmademan ihn zitiert, um seinen eigenen Erfolg zu erklären. Es handelt sich um eine weltweit bekannte Redewendung, die ihren Ursprung im Alten Rom hat: *Faber est suae quisque fortunae.*

Leider stimmt das nicht.

Appius Claudius Caecus, ein römischer Staatsmann, der etwa zwischen 350 und 250 v.Chr. lebte, trug diesen Satz im Rahmen einer berühmten Rede vor, und so wurde er zu einem geflügelten Wort im Römischen Reich.[119] Es ist äußerst bezeichnend, dass der Mensch, der diesen Satz prägte, aus einer privilegierten Familie der Oberschicht stammte, die eine Vielzahl Sklav:innen in ihrem Haushalt beschäftigte. Versklavt man andere, um den eigenen Erfolg zu stärken, dann fällt es leicht, sich pseudo-rechtfertigende Plattitüden über die eigenen Verdienste auszudenken.

Ich möchte an dieser Stelle eins klarstellen:

Wir sind niemals allein für unseren Erfolg verantwortlich.

Wurden Sie von Wölfen großgezogen, ohne jeden menschlichen Kontakt in den ersten achtzehn Lebensjahren; brachte Ihnen niemand bei, wie man spricht und denkt, und Sie erfanden einfach Dinge selbst; haben Sie niemals den Schutz eines stabilen Staates genossen, mit Militär und Polizei auf Ihrer Seite; treffen all diese Szenarien auf Sie zu und Sie sind dennoch erfolgreich, dann gratuliere ich Ihnen voller Bewunderung, denn Sie sind der erste *self-made*-Mensch in der Geschichte.

In allen anderen Fällen stehen Sie höchstens auf den Schultern von Riesen und haben es nur so weit geschafft dank der Menschen, die Sie unterstützt haben: dank der Erziehung, den Ratschlägen, Werten, der Fürsorge und was auch immer Ihre Eltern Ihnen als Kind mit auf den Weg gegeben haben; dank der Möglichkeit, zu spielen und Hobbys zu haben, anstatt hart arbeiten zu müssen, um Ihre Familie zu ernähren – all diese Dinge machen Sie zu dem Menschen, der Sie heute sind, und all das haben Sie bekommen, ohne etwas dazu beigetragen zu haben; Sie hatten quasi Glück im Lotto der Lebensbedingungen.

Meinen Studierenden zeige ich häufig ein kurzes Video, das dieses Phänomen veranschaulicht.[120] Ein Universitätsprofessor fordert rund hundert Studierende auf, sich an der Startlinie einer Rennstrecke aufzustellen, und verspricht der Person, die gewinnt, hundert Dollar. Alle dürfen an dem Rennen teilnehmen. Doch vor dem Start gibt er den Anwesenden zusätzliche Anweisungen:

»Treten Sie zwei Schritte vor, wenn Ihre Eltern noch verheiratet sind.«

»Treten Sie zwei Schritte vor, wenn Sie Zugang zu Privatunterricht hatten.«

»Treten Sie zwei Schritte vor, wenn Sie Ihren Eltern niemals finanziell unter die Arme greifen mussten.«

»Treten Sie zwei Schritte vor, wenn Sie sich niemals fragen mussten, wie Sie an Ihre nächste Mahlzeit kommen.«

Und so weiter.

Auf einmal stehen alle Studierenden verstreut auf der Strecke: manche auf halbem Weg zum Ziel, andere noch immer am Start. Der Professor erinnert sie an Folgendes: »Jede von mir getätigte Aussage hat nichts mit irgendwas zu tun, was Sie jemals getan haben, und auch mit keiner der von Ihnen jemals getroffenen Entscheidungen.« Und doch haben manche Studierende einen erheblichen Vorsprung.

Auf einer Rennstrecke mag sich das schrecklich ungerecht anfühlen, aber so ist das Leben in Wirklichkeit. Waren Ihre Eltern während Ihrer Kindheit gesund, am Leben und noch zusammen, litten sie weder an Alkoholsucht noch an mentalen Erkrankungen, gab es ständig ausreichend

Essen in Ihrem Haus, waren Ihre Nachbar:innen in keiner Gefahr und die Schulen gut – dann haben Sie einen Vorsprung bekommen.

Natürlich schmälert all dies nicht die Bedeutung Ihrer eigenen Bemühungen: Wenn man in demselben Bereich startet, werden die Schnelleren die Langsameren aus dem Feld schlagen – die Person mit den meisten Privilegien gewinnt also nicht automatisch. Zudem können die sportlicheren Menschen unter all denjenigen, die weiter hinten starten, ihre Position erheblich verbessern, wenn sie die dutzenden langsameren Kandidat:innen vor der Ziellinie überholen. Und doch haben sie keine realistische Chance auf einen Sieg, denn all die Halbsportlichen, die mit Vorsprung starten, sind ihnen so weit voraus, dass ein Einholen kaum zu schaffen ist.

Wie in Kapitel 4 angesprochen, ist es im Leben nun einmal so. Wir alle beginnen unseren Werdegang mit bestimmten Privilegien und Benachteiligungen. Manche haben mehr von Ersteren, andere zu viele von Letzteren. Doch vergessen Sie nicht:

Es war reines Glück, dass Sie auf der gegebenen Startposition gelandet sind. Seien Sie dankbar für die Vorteile und versuchen Sie, die Nachteile zu akzeptieren. Doch gehen Sie nie davon aus, dass Sie diese verdient haben. Das war allein Fortunas Werk.

Das heißt also: Sowohl Ihre eigenen Bemühungen als auch Ihre Startposition bestimmen, was Sie erreichen können. Das ist eine unbestreitbare Tatsache. Glauben Sie nicht den Leuten, die meinen: »Du kannst alles sein, was du willst.« Diese Prophet:innen leerer Versprechungen sorgen dafür, dass viele Menschen von ihrem Leben enttäuscht sind. Ihre Botschaft ist besonders brutal für Menschen mit ausgesprochen vielen Benachteiligungen. Denn im Grunde sagen sie damit, dass wir selbst schuld sind an unserem eigenen Ausgangspunkt, dass wir allein für unsere Erfolge im Leben verantwortlich sind und nicht unsere Situation. Kein Wunder, dass all jene, die gegenüber ihren eigenen Privilegien vollkommen blind sind, wie Appius Caecus, derartige Aussagen machen.

Glauben Sie allerdings auch nicht den Menschen, die behaupten, »du kannst nichts machen, denn dein Ausgangspunkt bestimmt alles.« Das stimmt genauso wenig.

Manche Menschen sind eher darauf ausgelegt, die wenigen Chancen, die sich ihnen bieten, zu ergreifen und sich systematisch von ihrer Startposition aus hochzuarbeiten.

Werden diese Menschen in einem Land geboren, in dem Bildung und Mittel zugänglich sind, dann können sie sogar Minister:innen werden. Ganz egal, von wo aus Sie also starten, es gibt immer bestimmte Ziele, die Sie erreichen, bestimmte Verbesserungen, die Sie anstreben können. Ob Sie es bis zu Ihrem Ziel schaffen, werden Sie nie wissen. Aber wenn Sie Fleiß und Mühe investieren, erhöhen Sie Ihre Chancen.

Meine eigene Version der Redewendung würde lauten: Jeder Mensch ist seines Glückes Stürmer. Lassen Sie mich das erklären. Als Stürmer:in im Fußball hängt der Erfolg von den eigenen Anstrengungen ab. Niemand wird die Tore für Sie schießen. Sie müssen die Verteidiger:innen austricksen, mit Ihren Teamkolleg:innen kommunizieren und zur richtigen Zeit am richtigen Ort sein, um den entscheidenden Treffer zu erzielen. Gleichzeitig werden Sie niemals ein einziges Tor allein schießen können. Sie brauchen Ihre Mitspieler:innen, die Angriffe aufbauen und den Ball im richtigen Moment zu Ihnen passen. Ohne Ihre Mannschaft und die Unterstützung, die sie leistet, haben Sie null Torchancen.

Also strengen Sie sich an, geben Sie alles. Doch ganz egal, wie sehr Sie sich bemühen, vergessen Sie niemals, dankbar für die Menschen zu sein, die Ihren Erfolg ermöglicht haben. Denn das waren nicht Sie allein. Sondern auch reines Glück und eine Vielzahl Menschen, die Sie im Kleinen und Großen unterstützt haben. Wenn Sie erfolgreich sind, dann denken Sie nicht, Sie verdienen den Erfolg. Sondern seien Sie stattdessen dankbar für ihn.

KAPITEL 6

Manche haben Glück, alle haben Sommer

Es gibt ein beliebtes finnisches Sprichwort, das von Generation zu Generation weitergegeben wird: *Onni yksillä, kesä kaikilla.* Das bedeutet so viel wie »Manche haben Glück, alle haben Sommer.«

Es soll uns alle daran erinnern, dass es zwar Aspekte in unserem Leben gibt, die wir beeinflussen oder verändern können, aber es gibt eben auch vieles, das wir einfach nicht kontrollieren können. Somit nützt es nichts, all jene zu beneiden, die gerade glücklich sind, während wir uns schwertun. Manchmal schenkt uns das Leben etwas, manchmal nimmt es uns etwas weg. Morgen schon kann es sein, dass jemand anderes sich schwertut, während Ihnen etwas ganz Wunderbares widerfährt.

Ganz egal, in welcher Situation wir uns befinden, wie viel Glück oder Erfolg wir bei unseren Unternehmungen hatten, letzten Endes sitzen wir alle im selben Boot. In Finnland trifft der dunkle, lange Winter sowohl Arm als auch Reich, die Erfolgreichen und Erfolglosen – wir alle müssen ihn ertragen. Doch genauso kommt nach dem Winter der Frühling, der uns allen Wärme schenkt und die Natur erblühen lässt.

Die Natur lehrt uns etwas: Egal, in welcher Situation wir uns befinden, wir können uns immer auf eins verlassen: Früher oder später kommt für uns alle der Sommer.

Ein-
schub

KAPITEL 7

Das Zentrum der Indifferenz

An Samstagabenden, wenn die ganze Familie außer mir schon längst schläft und ich allein unten im Haus bin, schaue ich mir erschreckend häufig ein Video von Jim Carrey auf dem roten Teppich der *Harper's Bazaar* New York Fashion Week Icons Party aus dem Jahr 2017 an.[121]

Catt Sadler stoppt Jim Carrey und fragt ihn, was er hier mache. Ihr Gesichtsausdruck, wenn Jim Carrey folgende Antwort gibt, ist einzigartig: »All das hier hat keinerlei Bedeutung, weshalb ich die bedeutungsloseste Sache überhaupt finden und dabei sein wollte – und hier bin ich.«

Catt erinnert Jim daran, dass das Motto der Fashion Week in jenem Jahr »Ikonen feiern« ist.

»Ikonen feiern? Das ist schlichtweg das erbärmlichste mögliche Ziel, das wir uns setzen konnten!« (…)

Catt fragt dann: »Du glaubst nicht, dass bestimmte Ikonen die Macht haben, einen Wandel hervorzurufen, anders zu denken, mutig zu sein und andere zu inspirieren? (…) Du bist doch eine von diesen Ikonen!«

Jim erwidert darauf: »(…) Ich glaube nicht an Ikonen, ich glaube nicht an Persönlichkeiten. Ich glaube, dass Frieden jenseits von Persönlichkeit liegt. (…) Ich glaube, wir sind ein Energiefeld, das allein tanzt.«

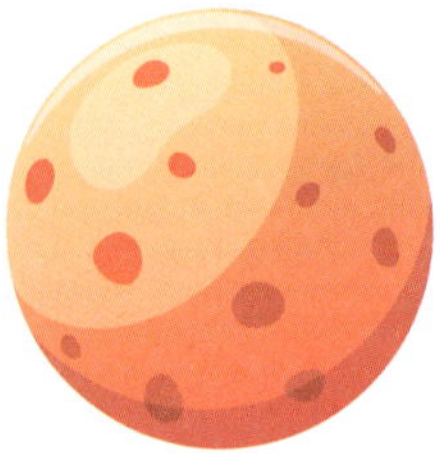

Catt Sadler versucht noch einmal, das Gespräch auf normale Bahnen zu lenken: »Aber Jim, du hast dich richtig schick gemacht heute, du siehst toll aus!«

»Ich habe mich nicht schick gemacht. (…) Es gibt kein Ich. (…) Es gibt nur Dinge, die passieren. Geflechte aus Tetraedern, die gemeinsam umherschweben. (…) Wir haben keine Bedeutung, das ist die gute Nachricht!«

Vielleicht geht es nur mir so, aber ich finde diesen Videoclip extrem lustig. Ausgerechnet auf einer Party der Fashion Week aufzukreuzen und in diesem Rahmen die Menschheit daran zu erinnern, dass das Ganze letzten Endes keinerlei Bedeutung hat, dass wir nur Bündel von Atomen sind, die sich durch die blinden Kräfte der Natur bewegen. Aus einer kosmischen Perspektive heraus: Welchen Unterschied macht das Handeln einer haarlosen Affenart auf dem dritten Planeten eines mittelgroßen Sterns, wenn es Millionen andere Sterne mit Millionen anderen Planeten im Universum gibt? Die Erde existierte 4,5 Milliarden Jahre, bevor die Menschen sie bewohnten, und wird noch rund 5 Milliarden Jahre bestehen, nachdem wir verschwunden sind, warum sollte man also die vertanen Chancen eines Menschen von 8 Milliarden aktuell lebenden Menschen beweinen? Das wäre so, als würde man das Schicksal eines einzelnen Sandkorns an einem riesigen Strand beweinen. Im besten Fall verfügt die gesamte Menschheit über so viel Macht wie der Meteorit, der die Dinosaurier ausgelöscht hat: Vielleicht verändern wir das Klima und lösen ein Massensterben aus. Doch nach ein paar Millionen Jahren – kosmisch gesehen ein winziger Augenblick – werden haufenweise neue Spezies die Erde bewohnen und sich dem dann herrschenden Klima anpassen. Welchen Unterschied macht da ein einzelnes Menschenleben? Wir werden geboren, wir erleben ein paar freudige Momente und ein paar schmerzhafte Momente, und dann sterben wir. Das war's. Keine große Sache.

Etwa 135 Jahre, bevor die Atome, die Jim Carreys Körper bilden, auf der Fashion Week in New York umhertanzten, wurde dem russischen Autor Lew Tolstoi klar, dass er nichts weiter ist als eine »zeitliche, zufällige Verkettung von Partikeln«, die eine Weile bestehen wird, bevor ein »zufällig zusammenheftender Klumpen von irgend etwas«, auch sein Körper genannt, aufhören wird, die Erfahrung des Lebens zu bilden, und stattdessen beginnen wird, zu vergären.[122] Zu derselben Zeit schrieb der Dichter und Philosoph Henry Thoreau: »Ich bin ein Paket zusammengebundener, vergeblicher Bestrebungen; durch den Zufall miteinander verbunden.«[123] Und rund 2200 Jahre vor Tolstoi erinnerte uns der Verfasser des Predigers in der Bibel an Folgendes: »Alle gehen an denselben Ort: Alles ist aus dem Staub geworden, und alles kehrt auch wieder zum Staub zurück.«[124] Asche zu Asche, Staub zu Staub. Ein Menschenleben besteht aus einem Haufen Materie, welchem eine empfindsame Seele eingehaucht wird, und nach ein paar Jahrzehnten wird dieser Haufen Materie zurückgeführt zur Erde:

»O Eitelkeit der Eitelkeiten! spricht der Prediger; Eitelkeit der Eitelkeiten! Alles ist eitel! Was bleibt dem Menschen von all seiner Mühe, womit er sich abmüht unter der Sonne? Ein Geschlecht geht, das andere kommt; die Erde aber bleibt ewiglich!«

Eitelkeit ist das Schlüsselwort im Prediger und kommt von dem hebräischen *hevel*, was auch mit »Nutzlosigkeit« oder »Sinnlosigkeit« übersetzt werden kann. Wortwörtlich bezieht *hevel* sich auf sich verflüchtigenden Dampf, auf Wind, auf den vergänglichen Atem des Menschen. Ein schöner Ausdruck für die Flüchtigkeit des Lebens: Unser kurzes Dasein und unsere Bestrebungen sind lediglich Dampf, der sich im Wind auflöst.

Unser Dasein ist ein rasches Augenzwinkern; eine kurz aufflackernde Flamme einer Kerze. Und kaum haben wir verstanden, was die Flamme uns zeigen möchte, wird die Kerze schon wieder ausgepustet. Um es in Shakespeares Worten auszudrücken:

»Aus, aus, kleine Kerze! Leben ist nur ein wandelnder Schatten, ein armer Schauspieler, der seine Stunde lang auf dem Schauplaze sich spreißt, und ein grosses Wesen macht, und dann nicht mehr bemerkt wird. Es ist ein Mährchen, das ein Dummkopf erzählt, voll Schall und Bombast, aber ohne Sinn.«[125]

Der britische Autor Thomas Carlyle, auch bekannt als der »Weise aus Chelsea«, beschrieb dieses Erkennen, dass nichts Bedeutung hat, als »Zentrum der Indifferenz«. Carlyles Buch *Sartor Resartus*, veröffentlicht im Jahr 1834, wurde das Buch einer Generation Jugendlicher, die Antworten auf die großen Fragen des Lebens suchten, und inspirierte unzählige Menschen von Charles Dickens über Emily Dickinson bis zu Herman Melville.[126] Das Buch erlangte große Berühmtheit, da es sich mit der »spirituellen Krise der damaligen Zeit«[127] auseinandersetzte. Den Kern von *Sartor Resartus* bilden drei Kapitel: »Ewiges Nein«, »Das Zentrum der Indifferenz« und »Ewiges Ja«, die zusammengenommen eine der ersten, völlig ausgearbeiteten Beschreibungen einer existenziellen Krise in englischer Sprache liefern. Die Reise beginnt, wie erwähnt, mit dem »Ewigen Nein«; hier ist sämtlicher Sinn verloren: »Für mich war das Universum leer, ohne Leben, ohne Zweck, ohne Verletzung, ja sogar ohne Feindseligkeit: Es war eine riesige, tote, unermessliche Dampfmaschine, die immer weiter rollte, in ihrer toten Indifferenz, um mich Glied um Glied zu zerquetschen.«[128]

Die Tatsache, dass unser Leben kurz ist und nichts wirklich von Bedeutung ist, kann erdrückend sein. So erging es zweifelsohne Lew Tolstoi und Thomas Carlyle, die beide eine tiefe Existenzkrise durchlebten, während der sie kurzzeitig ihren Lebenswillen verloren. Doch sobald sie die Krise überwunden hatten, konnten sie diese Erfahrung nutzen, um eine neue Art spiritueller Überzeugung aufzubauen. Der Punkt, an dem nichts von Bedeutung ist, ist ein erforderlicher Zwischenstopp, an dem man alte Lasten abwirft, bevor man eine neue, befreiende Weltanschauung findet. Für Carlyle führt das Ewige Nein zum Zentrum der Indifferenz, welches wiederum zum Ewigen Ja führt – und bei dem Ewigen Ja entsteht eine neue Denkweise in Bezug auf den Sinn des Lebens.

Die Tatsache, dass nichts wirklich von Bedeutung ist, kann auch sehr befreiend sein. All Ihre Sorgen, Ihre zerstörten Träume, all Ihr Leiden, all Ihre Pläne und Projekte, die Sie umsetzen müssen, um sich gut zu fühlen – nichts davon ist wichtig. Sie sind frei. Ohne Verpflichtungen. Sie müssen nichts tun, um Ihrem Leben Wert zu verleihen.

Legen wir unsere alten, überholten Wertesysteme ab, erkennen wir, dass es keine falsche Art, unser Leben zu führen, gibt.

Sie haben tagein, tagaus Serien geschaut und in der Kneipe herumgehangen? Toll! Sie haben Ihr ganzes Leben lang versucht, der lokale Pokémon-Champion zu werden, aber es nie an die Spitze des Rankings geschafft? Schade, aber so was passiert. Sie haben nach dem Motto »Wer am reichsten ist, wenn er stirbt, hat gewonnen« gelebt, Ihre Familie vernachlässigt und sind allein in einer riesigen Villa gestorben? Das wäre nichts für mich, aber warum sollte ich Sie verurteilen? Sie machen es auf Ihre Art – und selbst wenn es womöglich eine Vielzahl an Möglichkeiten für Sie gab, ist es gut für Sie, wenn Sie die Version Ihres

Lebens gelebt haben, die Sie gelebt haben. Nichts ist wirklich von Bedeutung – »Nothing really matters«, wie Freddie Mercury in *Bohemian Rhapsody* sang.

Doch warum sollte man an dieser Stelle stoppen? Der Moment, an dem sämtliche alten Werte von uns abfallen, ist – in den Worten Carlyles – das Zentrum der Indifferenz. Der Transitraum, die Schwelle zwischen dem Ablegen des Alten und dem Entstehen des Neuen.

Letztlich gibt es zwei Einstellungen zum Leben, die es benötigt, um aus dem Zentrum der Indifferenz herauszutreten. In Bezug auf die Vergangenheit und alles, was bereits geschehen ist, müssen wir eine akzeptierende Haltung einnehmen. Es hat keinen Sinn, über verschüttete Milch zu weinen. Die Stoiker nannten diese Haltung *ataraxia*, gemeint ist damit der innere Frieden, der sich einstellt, wenn wir lernen, das Leben und was auch immer es mit sich bringt zu akzeptieren – so, wie es ist. Epiktet baut diese Idee um in eine Art »Nur zu«-Haltung: »›Willst du, dass ich arm bin?‹ Nur zu … ›Willst du, dass ich ein Amt bekleide?‹ Nur zu. ›Willst du, dass ich das Amt ablege?‹ Nur zu. ›Willst du, dass ich Schmerzen erleide?‹ Nur zu.«[129]

Der grandiose, leicht wahnsinnige Philosoph Friedrich Nietzsche ging noch weiter und behauptete, dass wir nicht nur alles, was passiert ist, akzeptieren müssen, sondern dass wir es lieben müssen. *Amor fati* lautete sein Rezept fürs Leben, was Latein ist und »Liebe dein Schicksal« bedeutet. Ihr Leben gehört Ihnen, mit all seinen Herausforderungen, Sorgen und Eigenheiten. Warum lernen Sie nicht, es zu lieben?

Sie sollten die Situation, in welche Sie Ihr bisheriges Leben gebracht hat, also lieber so akzeptieren, wie sie ist. Denn so ist sie nun einmal. Weigern Sie sich, die Vergangenheit anzunehmen, dann ändert sich diese dadurch nicht. Der Augenblick, in dem Sie sich jetzt befinden, mag das Ergebnis glücklicher oder unglücklicher Ereignisse sein. Aber nichtsdestotrotz ist es der Augenblick, in dem Sie sich gerade befinden. Das Vergangene zu akzeptieren, ist weiser, als gegen etwas anzukämpfen, worauf Sie keinen Einfluss haben.

Unabhängig davon, wie sich Ihre Situation darstellt, sind zwei Tatsachen unbestreitbar:

1. SIE KÖNNEN DIE VERGANGENHEIT NICHT ÄNDERN.

2. IHR HANDELN KÖNNTE DIE ZUKUNFT VERÄNDERN.

Warum konzentrieren Sie sich nicht darauf, die Zukunft besser zu gestalten? An meinem Schlüsselanhänger hängt ein kleines Metallschild mit der Aufschrift *Meliora*. Latein für »besser«. Amerikanische pragmatische Philosoph:innen wie Charles Peirce und John Dewey nutzten Meliorismus, um eine Lebenseinstellung zu beschreiben, in der man weder naiv und optimistisch noch zynisch und pessimistisch ist. Meliorist:innen gehen stattdessen davon aus, dass »die Welt nicht am schlimmsten, aber auch nicht am besten ist, sondern … in der Lage, sich zu verbessern.«[130]

Viele Entwicklungen in der Zukunft liegen außerhalb unserer Macht. Kriege, Erkrankungen und Unfälle können jeden Menschen treffen. Das Auto, das Sie überfahren wird, ist vielleicht schon losgefahren. Doch normalerweise gibt es immer etwas, worüber wir die Macht haben. Konzentrieren Sie Ihre Energie darauf und bemühen Sie sich, die Dinge zu verbessern, die Sie verbessern können. Anstatt sich auf das zu konzentrieren, was in der Welt prinzipiell falsch läuft, konzentrieren Sie sich auf die Probleme und Baustellen, die Sie beeinflussen können – indem Sie sich in Ihrer Community engagieren, indem sie wählen gehen, sich um Ihre Familie und Freunde kümmern oder mithilfe anderer Maßnahmen, die Ihnen zur Verfügung stehen, um die Welt ein Stück besser zu machen. Es gibt immer etwas, das wir verbessern können, ob im Kleinen oder Großen. Lassen Sie uns deshalb all unsere Gedanken und Taten auf die Teile der Welt richten, die wir verbessern können.

Wenn eine Krise eintritt, lähmt uns Pessimismus. Unbegründeter Optimismus ist naiv, gefährlich und kann dazu führen, dass wir passiv darauf warten, dass es besser wird.

Die gesunde Einstellung ist Meliorismus: Akzeptieren Sie das, was passiert ist, und verbessern Sie das, was noch passieren wird. Lernen Sie, sich nicht über jene Dinge den Kopf zu zerbrechen, die Sie nicht beeinflussen können, und richten Sie Ihre Energie stattdessen auf kleinere oder größere Dinge, auf die Sie sehr wohl Einfluss haben. Handeln ist das Heilmittel. Selbst wenn es scheint, als würde die Welt den Bach heruntergehen, gibt es immer etwas, das Sie in der Hand haben und beeinflussen können. Das kann eine kleine, unmittelbare Tat sein, wie Ihrer Familie zu helfen.

Passiert etwas recht Schlimmes, dann haben wir kaum mehr Kontrolle über irgendetwas, aber wir können noch immer kontrollieren, wie wir reagieren, innerhalb des winzigen Spielraums zwischen äußeren Reizen und unserer Reaktion auf diese. Konzentrieren wir uns auf sinnvolles Handeln und tun das, was wir eben können, dann bleiben wir eher ruhig und gefasst, sodass wir noch in der Lage sind, uns selbst und anderen in unserer Umgebung zu helfen. Das ist alles, was wir machen müssen und tatsächlich können.

Nehmen wir als Beispiel Greta Thunberg, die berühmte, schwedische Klimaaktivistin. Als Jugendliche hatte sie mit Depressionen zu kämpfen, hörte auf, zu sprechen und zur Schule zu gehen, ja weigerte sich sogar zeitweise zu essen.[131] Die halbherzige Reaktion der Erwachsenenwelt auf die akute Klimakrise sorgte bei ihr für schlaflose Nächte voller Sorgen um die Zukunft. Doch mit der Unterstützung ihrer Eltern verwandelte sie ihre Angst in aktives Handeln: Sie organisierte Schulstreiks vor dem schwedischen Parlament, die schnell zu der weltweiten

»Fridays for Future«-Bewegung führten. Im Alter von sechzehn Jahren sprach Greta vor dem Europäischen Parlament und auf dem Klimagipfel der Vereinten Nationen in New York. Der Kampf für eine bessere Zukunft hat nicht nur Zehntausende Jugendliche weltweit, die sich der Bewegung anschlossen, sondern er hat die zuvor niedergeschlagene Teenagerin persönlich glücklich gemacht. Ihr Vater bestätigt diesen Wandel: »Sie tanzt herum, lacht viel, wir haben so viel Spaß – und es geht ihr wirklich gut.«[132] Keine Einzelperson kann den Verlauf eines überwältigenden Problems wie den Klimawandel verändern. Aber indem wir das tun, was wir als (kleinen) Teil zur Lösung beitragen können, handeln wir aktiv, nutzen unsere Energie und verfolgen einen Zweck.

Die Vergangenheit akzeptieren und die Zukunft verbessern: Diese zwei Dinge können wir sogar tun, nachdem wir durch das Tor zum Zentrum der Indifferenz geschritten sind. Denn Gleichgültigkeit befreit uns vom festen Griff vergangener Werte. Eine Option ist natürlich, keinerlei Werte zu haben, in einer kalten, mechanistischen Welt zu leben, in der nichts von Bedeutung ist. Die andere Option ist es, sich bestimmen Werten zu verschreiben. Nicht, um nachzugeben, sondern weil sich diese Werte bedeutungsvoll anfühlen.

Reisen Sie durch das Zentrum der Indifferenz, bekommen Sie die Chance, mit Ihrem Los im Leben zufrieden zu sein und ungesunde, kulturelle Normen nicht wahrzunehmen, sodass Sie befreit sind, um voller Begeisterung die Ziele zu verfolgen, die Sie sich selbst gesetzt haben.

Mensch zu sein, heißt, aktiv zu sein. Freizeit, in der wir nur herumliegen und auf die nächste Mahlzeit warten, reicht uns Menschen nicht aus. Wir brauchen positive Ziele, um voller Dynamik zu handeln. Wie Viktor Frankl es ausdrückt: »Was der Mensch tatsächlich braucht, ist kein spannungsloser Zustand, sondern das Streben und Kämpfen um ein lohnendes Ziel.«[133] Neben dem Sicherstellen des Überlebens werden Menschen durch das »Versprechen eines möglichen Sinns, der erfüllt werden soll« zum Handeln angeregt. Wird uns dieser Aspekt klar, beginnt unsere Reise hin zum dynamischen Handeln.

In diesem Buch geht es um diese Einstellung, die ich **dynamische Zufriedenheit** nenne: Sie sind zufrieden mit Ihrem Los im Leben und nehmen ungesunde kulturelle Normen nicht wahr, während Sie die Projekte voller Begeisterung verfolgen und umsetzen, die Sie für sich ausgewählt haben. In den Worten von Finnlands Nationaldichter Eino Leino:

»Du wirst zu Staub zurückkehren, dessen sei dir sicher / Aber du hast Zeit zu brennen, bis der Vorhang fällt.«[134]

Der Rest dieses Buchs konzentriert sich darauf, wie Sie Ihr Feuer entfachen.

Teil 3

Beginnen Sie, Ihr eigenes Leben zu leben

KAPITEL 8

Kümmern Sie sich um sich selbst

Am 15. Oktober 1936 wartete der Reporter George B. Garrot der *New York Times* auf der Park Avenue in Manhattan auf die Küchenhilfe Sally Salminen, die dort in einem Souterrain-Apartment wohnte. Zusammen mit anderen Journalisten wollte er wissen, wie diese arme, ungebildete Angestellte aus Finnland einen Roman hatte schreiben können, der kürzlich den ersten Preis in einem bedeutenden Wettbewerb für nordische Literatur gewonnen hatte.

»Maid spent a year writing prize book«, lautete die Schlagzeile der *New York Times* am darauffolgenden Tag.[135] Salminen wurde als »eine ruhige, charmante junge Frau« mit »braunem, mittellangem Haar, einem runden, ungeschminkten Gesicht, einer kleinen Nase und strahlenden, runden, ausdrucksstarken blauen Augen« beschrieben; laut dem Artikel hatte sie den Roman vor allem nachts geschrieben, nach ihrer Schicht. Sie erklärte, dass eine der größten Herausforderungen darin bestand, »die zwei Punkte über den As und Os einzutragen«, da auf einer amerikanischen Schreibmaschine keine Umlaute wie im Finnischen und Schwedischen zu finden waren.

Ihr preisgekrönter Debütroman *Katrina* war nicht nur ein Bestseller, sondern wurde in über zwanzig Sprachen übersetzt. Er erzählt die Geschichte eines jungen Bauernmädchens namens Katrina, die einen armen, faulen Matrosen heiratet und letztendlich in einer schäbigen

Hütte in einem kleinen Dorf auf einer finnischen Insel wohnt.[136] Katrina tut sich schwer in dem Dorf, wo die Männer meistens auf See sind und die Kapitäne das Land besitzen, sodass sie für Letztere schuftet, um ihre Kinder ernähren zu können, die jeden Winter zu verhungern drohen. Die Geschichte ist angelehnt an ihre eigene Kindheit: Auch sie wuchs in einem Dorf von Seefahrern auf einer kleinen Insel auf; ihr Vater ertrank, als sie sieben Jahre alt war, und ihre Mutter hatte alle Mühe, die zwölf Kinder durchzubringen. Ein Grund, Katrinas Geschichte zu erzählen, war die Tatsache, dass »so viele Romane über die Abenteuer von Männern geschrieben worden waren und sie das Gefühl hatte, dass die Frauen, die zuhause blieben, zu Wort kommen mussten.«[137] Sally Salminen selbst war nicht zuhause geblieben – zu dem Zeitpunkt lebte sie seit sechs Jahren in New York, wo sie als Hausangestellte arbeitete, bis sie über Nacht zur Erfolgsautorin wurde und für den Rest ihres Lebens hauptberuflich Bücher schrieb.

In dem Roman nimmt Katrinas Leben eine entscheidende Wende, als sie ihre einzige Kuh verliert, ihr wertvollster Besitz.[138] Eine fromme Nachbarin hört von ihrer misslichen Lage und beginnt, für sie Geld zu sammeln, und alle reichen Kapitäne und Bauern des Dorfes beteiligen sich. Als Katrina davon erfährt, reagiert sie empört: »Sie haben kein Recht, für mich Geld zu sammeln, ohne mich vorher zu fragen. Ich bin arm, aber keine Bettlerin.« Ihre Nachbarinnen verstehen Katrinas Empörung nicht. »Es ist nicht schön, einen solchen Gefallen anzunehmen. Aber arme Menschen haben keine Wahl … Wenn nicht für dich, dann sei wenigstens bescheiden für das Wohl deiner Kinder.« Schließlich kommt die fromme Frau mit einem Umschlag voller Geld zu Katrinas Hütte und legt diesen auf den Tisch. Zunächst reden sie über andere Dinge, aber »der Umschlag brannte wie glühende Kohlen« vor Katrinas Augen. Als die Nachbarin Katrina letztendlich den Umschlag übergibt, weigert Katrina sich, ihn anzunehmen, und erklärt, sie könne sich nicht daran erinnern, jemals darum gebeten zu haben. Abends, als sie wieder allein ist, zweifelt sie an ihrer Entscheidung. Hat sie das Recht, ihre Kinder im folgenden Winter hungern zu lassen? Ist ihre Würde es wert, dass sie leiden? Doch sie bleibt trotz der Zweifel ihrer Entscheidung treu.

Als der reichste Kapitän und Anführer des Dorfes, von dessen Gnade Katrinas Überleben abhängt, von ihrer Wahl hört, bestellt er sie zu sich.

»Brauchst du eine neue Kuh?«, fragt er sie sichtbar verärgert.

»Ja«, antwortet Katrina.

»Warum nimmst du das Geld dafür dann nicht an?«

»Ich brauche eine Kuh. Aber ich habe nicht darum *gebeten.*«

Da wird der Kapitän richtig wütend: »Du glaubst, du bist zu gut, um Almosen anzunehmen?«

Katrina hebt den Kopf, schaut ihm direkt in die Augen und verkündet voller Stolz: »Ja, genau das bin ich.«

Der Drang nach Selbstbestimmung ist tief verwurzelt in uns Menschen.

Wir wollen unser Leben selbst steuern und nicht der Gnade anderer Kapitäne unterliegen. Wir wollen unseren eigenen Weg finden, unserem Wertesystem und unserem eigenen Kurs folgen. Historisch gesehen blieb Frauen diese Möglichkeit lange verwehrt, und diskriminierende Gesetze zwangen sie dazu, als Besitztümer ihrer Väter und Ehemänner zu leben. Schriftstellerinnen jeden Alters haben für Freiheit und Selbstentfaltung gekämpft. Mary Evans, die im 19. Jahrhundert schrieb, veröffentlichte unter dem männlichen Pseudonym George Eliot, um als Schriftstellerin ernst genommen zu werden. 1929 schrieb Virginia Woolf, die George Eliots *Middlemarch* als »einen der wenigen englischen Romane, der für erwachsene Menschen geschrieben wurde«[139] bezeichnete, über die Wichtigkeit eines »eigenen Zimmers«, sodass Frauen die Chance hätten, ihre Meinung frei auszudrücken. Näher an der heutigen Zeit schildert Susan David, wie ihre Mutter ihr erklärt, dass es entscheidend ist, dass »du immer gerade genug Geld haben solltest, um ›Fick dich‹ sagen zu können«[140] – so wie Katrina sich dazu entschied, »fickt euch« zu den Almosen der reichen Kapitäne zu sagen, auch wenn das bedeutete, dass ihre Kinder Hunger leiden mussten. Für sie waren Würde und Selbstbestimmung die wichtigeren Werte.

Sally Salminen befreite sich durch ihr Schreiben aus der Dienerschaft. Ulrika Gustafsson, eine Wissenschaftlerin, die zu Salminen forschte, erklärte, dass sie erst »zur Autorin werden konnte, als sie aufhörte, wie ein Dienstmädchen zu denken, und begann, wie ein Mann zu denken.«[141] Sie mag klein und bescheiden gewesen sein, doch sie hatte einen starken Willen, scheute sich nicht, den Machthabenden die Wahrheit zu sagen und aufzuzeigen, auf wie vielen Ebenen Frauen in der Vergangenheit unterdrückt worden waren; sie stand für die Werte ein, an die sie glaubte. 1938 verurteilte sie in der *New York Times* das Nazi-Regime und erklärte, sie wäre bereit, es zu »bekämpfen«, anschließend wurde sie zur offenen Verfechterin von Frauenrechten und veröffentlichte zudem eine Reihe von Romanen, die großen Anklang fanden.

Selbstbestimmung macht den Unterschied aus, zwischen Überleben und wirklich Leben, zwischen Sklaverei und Freiheit.

»Lebe in Freiheit oder stirb«, hieß es tatsächlich für Millionen von Menschen weltweit, die in den unterschiedlichsten Rebellionen ihr Leben riskierten, um gegen Unterdrückung und für die Freiheit ihres Volkes zu kämpfen. Seit Langem haben Menschen versucht – ob auf nationalem oder individuellem Niveau –, sich von denen, die sie unterdrücken, zu befreien, sei es von Diktatoren, Häuptlingen, Kriegsherren oder Vorgesetzten, Trainer:innen oder Ehepartner:innen, um Freiheit und Selbstbestimmung zu erlangen.

Freiheit als *conditio humana*

»Der Mensch ist dazu verurteilt, frei zu sein.« So fasste der französische Existenzialist Jean-Paul Sartre die *conditio humana* zusammen.[142] Da stehen wir nun – in eine Welt geworfen, wo wir Entscheidungen treffen und handeln können. Wir *können* nicht nur Entscheidungen treffen, sondern *müssen* diese treffen, da wir an verschiedene Weggabelungen kommen und entscheiden müssen, welchen Weg wir wählen – ob nun banale Entscheidungen, wie etwa welches Oberteil man morgens anzieht, oder bedeutende, ob man einen Job annimmt oder der Person mit dem süßen Lächeln eine Nachricht schickt.

Der Kognitionswissenschaftler Keith Stanovich erklärt, dass diese Fähigkeit des reflektierten Denkens uns Menschen befreit. In seinem Buch *The Robot's Rebellion: Finding meaning in the age of Darwin* schreibt er, dass einfache Lebensformen wie Bakterien oder Insekten in den Verhaltensmustern gefangen sind, die ihnen durch Gene einprogrammiert wurden.[143] Im Verlauf der Evolution erlangten manche Tiere höhere kognitive Funktionen, mithilfe derer sie sich selbst Ziele setzen konnten. Diese kognitiven Funktionen sind bei keiner Spezies so stark ausgeprägt wie beim Menschen. Und genau in dieser Fähigkeit, zu reflektieren und Entscheidungen zu treffen, liegt der Ursprung unserer Freiheit. Entscheidungen sind – in den Worten Ruth Changs – »kostbare Gelegenheiten für uns, das zu feiern, was an der *conditio humana* so besonders ist … dass wir die Macht haben, Gründe zu erschaffen, damit wir selbst zu den unverwechselbaren Menschen werden, die wir sind.«[144]

Diese Fähigkeit, über sein eigenes Leben nachzudenken und bewusste Entscheidungen zu treffen, führt zu einer weiteren zentralen Eigenschaft der menschlichen Erfahrung: Wir können mit uns selbst eine Beziehung führen. Wir

Menschen erfahren unser Leben nicht bloß, sondern können es wie von außen betrachten und ihm gegenüber eine bestimmte Haltung einnehmen. Wir erinnern uns an unsere Vergangenheit und planen für die Zukunft. Es gibt ein »Ich«, dessen Handlungen in der Vergangenheit wir beurteilen und für das wir Pläne schmieden.

Das bedeutet wiederum, dass Ihre Beziehung zu sich selbst die wichtigste Beziehung überhaupt ist. Sie sind nicht nur das »Ich«, dessen Leben gerade passiert, sondern auch jenes »Ich«, dessen Leben Sie betrachten und bewerten können, und für das Sie Pläne machen können.

Wie stellt sich diese Beziehung für Sie dar? Haben Sie sich für diese Beziehung angestrengt? Sind Sie sich selbst ein guter Freund oder eine gute Freundin? Es wird Zeit, sich darauf zu konzentrieren!

Lernen Sie, sich selbst bedingungslos zu lieben

Wenn Sie einen Fehler machen, wie reden Sie dann mit sich selbst? Ist das eher ein wütender Monolog voller bissiger Bemerkungen, so nach dem Motto »Du bist zu nichts zu gebrauchen«, »Warum versagst du immer?«, »Was stimmt nicht mit dir?«, »Warum kannst du nicht so wie deine Schwester sein?« oder »Du verdienst es nicht, geliebt zu werden«? Kommen Ihnen ein paar dieser Äußerungen bekannt vor?

Oder sind Sie annehmender und einfühlsamer gegenüber sich selbst? Klingt Ihr Selbstgespräch eher nach »Keine Sorge, jeder macht Fehler«, »Du hast dein Bestes gegeben« oder »Dies ist eine gute Gelegenheit, um zu lernen, wie man solche Fehler in Zukunft vermeidet«?

Wenn Sie nun diese beiden Haltungen im Hinterkopf behalten, wie würden Sie reagieren, wenn Ihr bester Freund oder Ihre beste Freundin einen Fehler macht? Würden Sie ihn oder sie trösten oder beschuldigen? Als gute:r Freund:in würden Sie eindeutig die zweite Reaktion wählen.

Es ist erschreckend, wie viele von uns mit sich selbst so reden, wie sie niemals mit einem geschätzten Menschen reden würden. Wir nehmen uns gegenüber häufig eine Haltung ein, die wir niemals gegenüber unseren Freunden einnehmen würden. Wann hat sich unsere Beziehung zu uns selbst so verschlechtert? Die quälende Stimme in Ihrem Kopf sind *Sie selbst*. Und es ist höchste Zeit, dass Sie dies ändern. Wieso freunden Sie sich nicht mit sich selbst an? Üben sich in Selbstmitgefühl?

Seit 2003 leitet die Psychologin Kirstin Neff ein Forschungsprojekt zum Thema Selbstmitgefühl *(self-compassion)*.[145] In Anlehnung an die buddhistische Psychologie, die »bedingungslose positive Wertschätzung« des Psychologen Carl Rogers und die »bedingungslose Selbstakzeptanz« des Psychotherapeuten Albert Ellis erklärt Kristin Neff, dass sich Selbstmitgefühl aus drei Komponenten zusammensetzt:[146]

1. SELBSTFREUNDLICHKEIT (SELF-KINDNESS)

ist eine Haltung Ihnen selbst gegenüber, bei der Sie fürsorglich und verständnisvoll sind anstatt scharf kritisierend oder verurteilend. Statt sich selbst erbarmungslos zu kritisieren, geht es bei Selbstfreundlichkeit darum, zu akzeptieren, dass Sie nicht perfekt sind. In schweren Zeiten bedeutet dies, dass Sie sich selbst trösten und gut zusprechen.

2. GEFÜHL DER MENSCHLICHEN ZUGEHÖRIGKEIT

bedeutet, dass wir anerkennen, dass alle Menschen Fehler machen, scheitern und sich mitunter unzulänglich fühlen. Statt zu denken »mit mir stimmt etwas nicht«, geht es bei dieser Einstellung darum, sich klarzumachen, dass Unvollkommenheit zur *conditio humana* dazugehört – wir alle sind unvollkommen, durchleben schwere Zeiten, kämpfen innerlich, tun Dinge, die wir bedauern, und leiden. Versagen ist vollkommen menschlich.

3. ACHTSAMKEIT (MINDFULNESS)

ist die dritte Säule des Selbstmitgefühls. Es geht hierbei um die Fähigkeit, sich des Hier und Jetzt bewusst zu sein, ohne zu versuchen, die schlechten Seiten auszublenden. Gibt es Dinge an Ihnen selbst oder an Ihrer aktuellen Situation, die Ihnen nicht gefallen, versuchen Sie nicht, diese zu ignorieren, auszublenden oder zu kaschieren, sondern stellen Sie sich dem gegenwärtigen Augenblick möglichst ausgeglichen, indem Sie Raum für Negatives lassen.

Erinnern Sie sich noch an das *Selbstwertgefühl*, mit dem wir uns in Kapitel 2 beschäftigt haben? Statt sich darauf zu versteifen, ob wir ein eher hohes oder niedriges Selbstwertgefühl haben, wurde gezeigt, dass es sich empfiehlt, von einem *bedürftigen oder stabilen Selbstwertgefühl* zu sprechen. Ein bedürftiges Selbstwertgefühl ist auf die Bestätigung von anderen angewiesen, und wenn andere Menschen Löcher in unser aufgeblasenes Selbstwertgefühl piksen, rasten wir schnell aus, weil wir unser sehr fragiles, positives Selbstbild schützen wollen.

Ein anderer Weg, der zu einem starken Selbstwertgefühl führt, ist es, uns bedingungslos selbst zu lieben, anzunehmen und wertzuschätzen. Während das Selbstwertgefühl auf der Beurteilung von uns selbst beruht, ist Selbstmitgefühl »eine Art, der sich ständig wandelnden Erfahrung unseres Selbst mit Freundlichkeit und Akzeptanz zu begegnen.«[147]

Durch Selbstmitgefühl bauen wir ein bedingungsloses und stabileres Selbstwertgefühl auf, das nicht auf andere angewiesen ist.

Selbstmitgefühl ist gut für Sie.[148] Akzeptieren Sie sich bedingungslos, dann sind Sie weniger anfällig für Depressionen und Angstzustände sowie Suizidgedanken. Stattdessen empfinden Sie wahrscheinlich häufiger positive Gefühle, wie etwa Glück. Menschen mit einer posttraumatischen Belastungsstörung (PTBS), die Selbstmitgefühl erlernt haben, berichten, dass sich ihre Symptome dadurch verbessert haben. In einer weiteren Studie empfanden Menschen, nachdem sie mit Selbstmitgefühl über ein peinliches Ereignis geschrieben hatten, weniger Schamgefühle. Ganz egal, welchen Herausforderungen Sie sich in Ihrem Leben gegenübersehen, Selbstmitgefühl sorgt dafür, dass Sie sich weniger überfordert fühlen und negativen Gefühlen gegenüber offener sind. Sie werden noch immer Misserfolge erfahren, aber sich deswegen nicht mehr so fühlen, als hätten Sie versagt, sondern lernen, Ihren eigenen Wert nicht an diese Misserfolge zu knüpfen. So werden Sie widerstandsfähiger gegenüber allen Hürden und Herausforderungen, die das Leben für Sie bereithält.

Manchmal sehen Menschen Selbstmitgefühl mit einer gewissen Skepsis, denn sie denken, sie würden dadurch schwächer und unmotivierter. Doch tatsächlich ist das Gegenteil der Fall. Selbstmitgefühl macht uns belastbarer gegenüber Problemen und Widrigkeiten in unserem Leben und befähigt uns, unsere Reaktionen entsprechend anzupassen. Studien mit Soldat:innen haben gezeigt, dass Selbstmitgefühl die Wahrscheinlichkeit, nach einer Kriegserfahrung an einer PTBS zu erkranken, reduziert und es den Betroffenen ermöglicht, im alltäglichen Leben besser zurechtzukommen.[149] Zudem wird Selbstmitgefühl mit hohen Leistungsniveaus und einer hohen Eigeninitiative in Verbindung gebracht, ebenso geht man davon aus, dass es dafür sorgt, dass wir, nachdem wir einen Fehler begangen haben, uns stärker weiterentwickeln.[150] Kristin Neff fasst es folgendermaßen zusammen:

»Zieht man in eine Schlacht, sei es wortwörtlich oder metaphorisch, dann wird ein Mensch stärker und belastbarer, wenn er sich als Verbündeter und nicht als Feind ansieht.«[151]

Die gute Nachricht ist, dass wir Selbstmitgefühl erlernen können. Viele Studien haben gezeigt, dass die Konzentration auf einen mitfühlenden Umgang mit sich selbst – sei es durch empathische Briefe, die man an sich selbst schreibt, oder das Bemühen, sich selbst gegenüber nachsichtiger zu sein – dazu führt, dass man tatsächlich mitfühlender gegenüber sich selbst ist.[152] Therapien können ebenfalls das Aufbauen von Selbstmitgefühl fördern. Die schlechte Nachricht ist allerdings, dass, sollte Ihr aktuelles Selbstbild weit entfernt von Selbstmitgefühl sein, es viel Arbeit und Zeit erfordert, um eben dieses Selbstmitgefühl aufzubauen.

Wenn Ihr Gehirn gewohnheitsmäßig einen vorwurfsvollen, strafenden Monolog anstimmt, sobald Sie einen Fehler machen, dann wird es viel Mühe kosten, diesen Reflex auszuschalten.

Benennen Sie diesen Monolog und erkennen Sie ihn an, kann das bereits helfen: Es handelt sich um einen negativen Selbstdialog. Überlegen Sie einmal, welche Stimme dieser Selbstdialog hat – vielleicht die Ihres Vaters, Ihrer Mutter oder einer anderen Erziehungsperson aus Ihrer Vergangenheit? Je bewusster Sie sich dieses Monologs werden, desto besser können Sie eine gesunde Distanz zu ihm aufbauen und desto weniger kann er Ihnen anhaben. Erwischen Sie sich selbst einmal dabei, diesen Monolog in Ihrem Kopf abzuspielen – und dazu wird es hin und wieder kommen –, versuchen Sie, Ihrem Gehirn vorzuschlagen, die Vorwürfe und Bestrafungen in Verzeihen und Lernen umzuwandeln. Denn es ist einfacher, aus Fehlern zu lernen, wenn man sie aus einem eher neutralen Blickwinkel betrachtet.

Zusätzlich zum Ablegen des negativen Selbstdialogs können Sie Ihr Selbstmitgefühl stärken oder aufbauen, indem Sie eine mitfühlendere Haltung sich selbst gegenüber einnehmen. Dies erreichen Sie, wenn Sie Kontakt mit Ihrem inneren Kind aufnehmen – erinnern Sie sich an das kleine, empfindliche Kind, das Sie früher einmal waren, und nähern Sie sich ihm einfühlsam und behutsam. Bedenken Sie, dass dieses Kind noch immer in Ihnen steckt, und zeigen Sie dem Menschen, zu dem dieses Kind herangewachsen ist, etwas Liebe – nämlich Ihnen selbst.

Solange Sie sich selbst nicht akzeptieren, werden Sie nie wirklich frei sein. Hängt Ihr Selbstwertgefühl von der Anerkennung anderer ab, dann werden Sie ewig in den Verhaltensmustern feststecken, die Ihren Selbstwert kurzfristig erhöhen. Akzeptieren Sie sich selbst und sind Sie selbstmitfühlend, befreien Sie sich von dieser externen Bestätigung und erkennen Sie klarer, was Sie mit Ihrem Leben anfangen wollen. Freiheit beginnt mit Selbstliebe.

Deshalb möchte ich, dass Sie lernen, sich selbst bedingungslos zu lieben. Selbstmitgefühl bedeutet nicht, dass sie sich etwas vormachen, sondern dass Sie sich bewusst werden, wer Sie sind und sich als diesen Menschen akzeptieren, inklusive aller nervigen Eigenschaften und peinlichen Gewohnheiten.

Im besten Fall lernen Sie, auch Ihr Ich aus der Vergangenheit sowie Ihr Ich aus der Zukunft zu lieben. Begegnen Sie Ihrem früheren Ich mit Wohlwollen. Verzeihen Sie Ihrem früheren Ich und akzeptieren Sie es, ganz egal, welche Fehler es begangen oder welche Fehlentscheidungen es getroffen hat. Jetzt kann man diese Dinge nicht mehr ändern. Machen Ihnen diese Fehlentscheidungen noch immer zu schaffen, dann denken Sie daran, dass Sie einzig und allein die Zukunft ändern können: Machen Sie Pläne, wie Sie die Fehler aus der Vergangenheit mithilfe von Handlungen in der Zukunft wieder gutmachen können. Grübeln Sie nicht über die Vergangenheit, sondern konzentrieren Sie Ihre Energie auf Ihr zukünftiges Ich. Lieben Sie den Menschen, der Sie werden können. Und pflegen Sie diesen Menschen, als wäre er Ihr Kind. Helfen Sie dieser besseren Version von sich selbst, sich voll zu entfalten. Und überlegen Sie, welche Art von Zuspruch Sie benötigen, um zu diesem Menschen zu werden.

Akzeptieren Sie, dass Veränderungen nicht augenblicklich eintreten und dass Sie noch immer Fehler machen werden. Konzentrieren Sie sich dennoch darauf, zu diesem Menschen zu werden. Denn so lieben Sie Ihr früheres Ich, Ihr derzeitiges Ich und Ihr zukünftiges Ich.

Tun Sie, was immer Sie wollen

Die beste öffentliche Sauna im estnischen Tallin ist Kalma Saun. Als ich dort einmal die *löyly* – das finnische Wort für die Hitze in einer Sauna – genoss, traf ich Seppo Leskinen, den Vorsitzenden des Internationalen Rauchsauna-Clubs. Sie müssen wissen: Finn:innen nehmen Saunieren sehr ernst. In Finnland gibt es 5,5 Millionen Menschen und 3 Millionen Saunas (beinahe so viele wie Personenfahrzeuge), was bedeutet, auf zwei Menschen kommt eine Sauna.

Wenn Sie noch nicht in Finnland waren, haben Sie wahrscheinlich noch keine Sauna, die den Namen verdient, besucht. Die fensterlosen, kleinen, aufgeheizten Räume, die viele internationale Hotels anbieten, werden in Finnland abwertend als »Schwitzkästen« bezeichnet. In der Hierarchie finnischer Saunas stehen sämtliche elektrisch beheizte Saunas ganz unten. Echte Saunas werden mit echtem Holz aufgeheizt. Und ganz oben in der Hierarchie stehen Rauchsaunas, die mit Holz beheizt werden, aber keinen Schornstein haben. Während des Aufheizens, das etwa fünf Stunden dauert, füllt dichter Rauch die Sauna. Erst wenn die letzten Holzscheite verbrannt sind und der Rauch verschwunden ist, tritt man in die 110 Grad Celsius warme *löyly*.

Als ich mit Seppo in der Sauna war, hörte ich zahlreiche Geschichten, Fakten und Anekdoten über Rauchsaunas. Nach dieser zufälligen Begegnung wurde mir klar, was für ein Genie Seppo war. Rauchsaunas sind seine Leidenschaft. Und eine seiner Aufgaben als Vorsitzender des Internationalen Rauchsauna-Clubs ist das Zertifizieren von Rauchsaunas, was bedeutet, dass er permanent eingeladen wird, nicht nur in Finnland, sondern auch in Estland und anderen Ländern, um dort Rauchsaunas zu besuchen. Seppo führt eine Art Tagebuch, in das er alle Rauchsaunas, die er besucht hat, einträgt. Als wir uns trafen, waren es 570. Ein Rekord, der nicht leicht zu schlagen sein wird – ich selbst bezeichne mich zwar als Saunagänger, aber bringe es eher auf zehn. Niemand auf der Welt kommt in den Genuss so vieler Rauchsaunas wie Seppo. Und er genießt jeden Augenblick.

Was mich an der menschlichen Spezies fasziniert, sind unsere breit gefächerten Interessen.

Eine Person mag Rauchsaunas, eine andere Bouldern, während jemand anderes sich für Kalligrafie begeistert. Verschiedene Menschen lieben verschiedene Dinge. Manchmal erkennt man schnell, woher das Interesse stammt. Die Liebe zur Literatur oder zum Musizieren wird oft über Generationen weitergegeben – angesichts meines Interesses für Bücher und der Tatsache, dass ich meinen Kindern im jungen Alter bereits Fantasyromane vorgelesen habe, überrascht es nicht sonderlich, dass mein ältester Sohn gern Fantasybücher liest. Manchmal entwickelt ein Kind jedoch auch eine tiefe Leidenschaft für etwas, das weder in der Familie noch im Freundeskreis vertreten ist. Da kann es sein, dass es einfach Klick macht, wenn er oder sie zum ersten Mal eine Gitarre in die Hand nimmt oder erfährt, dass es Menschen gibt, die ihr Leben dem Studieren von Insekten widmen.

In diesem Sinne ist die allgemeine Antwort auf die Frage *Was soll ich mit meinem Leben anfangen?* recht einfach:

Tun Sie, was auch immer Sie wollen. Tun Sie das, was Ihnen Spaß macht.

Gibt es Menschen, die Ihre Entscheidungen belächeln? Dann ignorieren Sie diese Menschen einfach. Denn es ist ihr Pech, wenn sie so engstirnig sind und Ihre Entscheidungen nicht unterstützen. Es gibt keine Vorgaben oder Einschränkungen von außen, die Ihnen vorschreiben, was Sie mit Ihrem Leben anfangen sollen. Sie kamen nicht auf diese Welt mit einer einzigen, festgelegten Mission, auf die Sie keinerlei Einfluss haben, und es gibt kein Gesetz, das Ihnen vorschreibt, einen bestimmen Weg einzuschlagen. Vielmehr gilt: Wenn Sie etwas mit Leidenschaft erfüllt, dann tun Sie es! Das Leben ist zu kurz, um es damit zu verbringen, die Erwartungen anderer zu erfüllen. Sie haben ein einzigartiges Leben. Leben Sie dieses auf einzigartige Weise!

Allerdings gehen mit dieser Aufforderung ein paar Warnhinweise einher. Erstens: Üben Sie Ihre Freiheit so aus, dass die Freiheit anderer nicht eingeschränkt wird. Oder anders ausgedrückt:

Achten Sie darauf, dass Ihr Tun niemanden verletzt.

Zweitens: Ihre Handlungen unterliegen offensichtlichen Beschränkungen, abhängig davon, in welchem Land Sie leben, wie viel Geld Sie und Ihre Familie haben, welche Bildung Sie erhalten haben, abhängig von Ihren Fähigkeiten, und leider spielen an viel zu vielen Orten auf dieser Welt auch Ihr Geschlecht, Ihre sexuelle Orientierung und Ihre

Hautfarbe eine Rolle. Jemand aus Skandinavien mit einem Universitätsabschluss und etwas Erspartem auf der Bank hat vollkommen andere Möglichkeiten, seine Freiheit auszuüben, als jemand aus einer armen Familie, der aus einem Land stammt, in dem Krieg herrscht, wie etwa Afghanistan oder Libanon – Länder, die am unteren Ende der Liste der glücklichsten Nationen der Welt stehen. Manchmal geht all unsere Energie schlichtweg fürs Überleben drauf. Ich sage nicht, dass Sie die Fakten, die das Leben Ihnen aufgrund Ihrer Position in der Gesellschaft aufzwängt, ignorieren sollen. Aber seien Sie möglichst realistisch, was den Boden, auf dem Sie stehen, angeht: Bewerten Sie die Mittel, die Ihnen zur Verfügung stehen, die Risiken und die Chancen.

Was ich damit sagen will: Neben der offenkundigen Tatsache, dass wir Menschen Nahrung, Wasser und ein Dach über dem Kopf benötigen, um zu überleben, sollten Sie keine *zusätzlichen, selbst auferlegten Beschränkungen* für Ihre Ziele oder Ambitionen erschaffen.

Tun Sie genau das, was Sie möchten, und berücksichtigen Sie dabei die Situation, in der Sie sich befinden.

Sie *müssen* überhaupt nichts tun. Tun Sie lediglich das, was Sie brauchen, um zu überleben. Und verwenden Sie all Ihre restliche Energie auf die Dinge, die Sie gern tun. Sie tun, was Sie möchten.

Sich selbst kennen: Was tun Sie gern?

Sobald Sie akzeptiert haben, wer Sie sind, geht es darum, die Person kennenzulernen, die Sie wirklich sind, jenseits aller Erwartungen von außen und Ihrer eigenen Wünsche. Wie wäre es, wenn Sie von nun an nach Ihren eigenen Werten und Interessen leben?

Natürlich ist es leicht, diesen Ratschlag zu formulieren. Aber was, wenn Sie gar nicht wissen, wie Ihre Werte und Interessen aussehen? In meinen Kursen bitte ich die Studierenden häufig, ein leeres Blatt Papier zu nehmen und darauf möglichst viele Aktivitäten zu schreiben, die Ihnen Freude bereiten. Dabei ist mir ein eklatanter Unterschied in der Anzahl der Aktivitäten aufgefallen, die aufgeschrieben wurden. Manche können in nur zwei Minuten dreißig Aktivitäten auflisten. Andere notieren zwei Dinge und zerbrechen sich für den Rest der Zeit ihren Kopf, welche Aktivitäten sie noch aufschreiben könnten. Manchmal zeugt dieser Unterschied von einer unterschiedlichen Erziehung im Kindesalter. Manche Kinder werden ständig gefragt: »Was willst *du* tun?«, »Was interessiert *dich*?«, »Wie denkst *du* über diese Sache?« Sie lernen im jungen Alter, ihre Interessen zu benennen, und erkennen, dass ihre eigenen Interessen und Gefühle wichtig sind. Anderen Kindern hingegen werden solche Fragen nie gestellt. Stattdessen geben die Erziehungsberechtigten ihnen vor, was Sie tun sollen, welches Verhalten von ihnen erwartet wird, welche Aktivitäten wichtig sind und welche reine Zeitverschwendung. Diese Kinder lernen, dass ihre eigenen Interessen keinerlei Bedeutung haben, und sie lernen womöglich nie ihre eigenen Werte kennen – sie wissen schlichtweg nicht, was sie wollen, da sie niemals auf ihre eigenen Bedürfnisse oder Wünsche eingegangen sind.

Autonomie als Ausdruck des eigenen Willens und der Selbstbestätigung ist ein grundlegendes, psychologisches Bedürfnis von uns Menschen.[153] Ein entscheidender Faktor, der mitbestimmt, wie wir Autonomie wahrnehmen, ist unsere Außenwelt: Geben unsere Eltern, Schulen, Vorgesetzten oder gesellschaftlichen Institutionen uns Raum für unsere eigenen Interessen? Hören sie uns zu und respektieren

sie uns? Ein weiterer Schlüsselfaktor ist unsere innere Welt: Wissen wir selbst, was wir wollen und wertschätzen? Haben wir den Mut, unsere Werte und Träume in Taten umzusetzen?

Im Hinblick auf den letzten Faktor hilft es, einfach innezuhalten und nachzudenken. Nehmen Sie sich ein Stück Papier. Schreiben Sie möglichst viele Aktivitäten auf, die Ihnen nur wegen der Tätigkeit allein Spaß machen. In meinem Fall würde diese Liste aus Freizeitaktivitäten wie Fußballspielen, Saunieren oder mit meinen Kindern spielen bestehen, aber auch aus Aktivitäten, die mit meiner Arbeit zu tun haben, wie Schreiben oder tiefgreifende Diskussionen mit meinen Kolleg:innen führen. Nummerieren Sie anschließend die einzelnen Punkte wie folgt: 1 bedeutet, Sie kommen gar nicht dazu, der jeweiligen Aktivität nachzugehen, 2 bedeutet, Sie schaffen es hin und wieder, wünschten aber, Sie kämen häufiger dazu, und 3 bedeutet, Sie gehen der Aktivität aktuell so oft nach, wie Sie möchten. Diese Übung hat mein Kollege und guter Freund Lauri Järvilehto konzipiert; sie stellt einen möglichen Weg zu mehr Selbstwahrnehmung dar und hilft Ihnen herauszufinden, was Ihnen tatsächlich Freude bereitet im Leben.[154] Studien haben gezeigt, dass sich sowohl unser Wohlbefinden als auch unsere akademische Leistung erhöhen kann, wenn wir einen Wert auswählen, der uns wichtig ist, und über diesen einen kurzen Absatz schreiben – dies gilt insbesondere für Minderheitsgruppen, die auf eine derartige Bestätigung ihrer Werte erst recht angewiesen sind.[155]

Eine andere Übung zur Steigerung der Selbstwahrnehmung ist es, all Ihre aktuellen Ziele niederzuschreiben. Wonach streben Sie im Laufe des kommenden Monats? Welche konkreten Ziele haben Sie? Sobald diese aufgelistet sind, sehen Sie sich jedes einzelne Ziel genauer an und überlegen, ob es sich dabei um ein »Will ich«-Ziel oder ein »Muss sein«-Ziel handelt. *»Will ich«-Ziele* sind solche, die Sie begeistern, die Sie wirklich erreichen wollen; diese Ziele bringen Spannung, Freude und Bedeutung in Ihr Leben. Ich beispielsweise liebe es, zu schreiben und zu lesen, und möchte außerdem hin und wieder gute Musik hören und dazu tanzen. *»Muss sein«-Ziele* sind solche Ziele, die sich anfühlen, als müssten sie getan werden, unabhängig von Ihren persönlichen Vorlieben oder Interessen.

Als Nächstes teilen Sie Letztere in zwei Kategorien auf: *Wahre »Muss sein«-Ziele* sind entscheidend für Ihre längerfristige Gesundheit und Wohlergehen – oder das Wohlergehen der Menschen um Sie herum. Dazu zählen etwa das tägliche Zähneputzen sowie Aufgaben im Haushalt. Ich muss jede Woche einkaufen gehen, damit bei uns zuhause Essen auf den Tisch kommt. Diese Art von Zielen sind ein öder, aber notwendiger Teil unseres Lebens. *Falsche »Muss sein«-Ziele* hingegen fühlen sich wie eine Verpflichtung an und tragen nichts zu Ihrer Gesundheit oder Ihrem Wohlbefinden bei. Diese Ziele entstanden vielleicht aufgrund vergangener Verpflichtungen oder weil Sie den Erwartungen anderer gerecht werden wollten, oder weil Sie Wegen folgten, von denen Sie annahmen, dass alle Menschen ihnen folgen sollten. Doch jetzt, wo Ihnen klar wird, dass diese Ziele nichts Gutes hervorrufen (denn sie tragen weder zu Ihrem Überleben noch zu Ihren Ambitionen bei), wie wäre es, wenn Sie sich von ihnen verabschieden und so Platz machen für ein paar weitere, durchaus spannendere »Will ich«-Ziele?

Bei dieser Übung geht es darum, dass Sie sich Ihrer eigenen Motivationen stärker bewusst werden. Haben Sie ausreichend »Will ich«-Ziele in Ihrem Leben? Können Sie ein paar falsche »Will ich«-Ziele aufgeben, um Platz für wahre zu machen?

Auf dem Weg zu mehr Autonomie in Ihrem Leben ist der erste Schritt, sich selbst zu kennen: Werden Sie sich klar darüber, was Ihre Interessen, Werte und Träume sind. Der zweite Schritt besteht darin, den Mut aufzubringen, um entsprechend dieser Interessen und Werte zu leben. Die Ziele zu kennen, das allein reicht nicht – Sie müssen diese auch verfolgen.

KAPITEL 8

Suchen Sie Herausforderungen

Fünf Meter erscheinen extrem hoch, wenn man auf einem Fünfer im Schwimmbad steht. Mein damals sieben Jahre alter Sohn war bereits vom Dreier gesprungen, kletterte den Sprungturm weiter hinauf und schaute nervös auf das Wasser tief unter ihm. Nach einigen Minuten des Haderns kletterte er wieder hinunter, und wir genossen die Wasserrutschen und anderen Attraktionen des Schwimmbads. Eine halbe Stunde später wollte er erneut auf den Sprungturm klettern. Wieder stand er direkt am Rand, starrte nervös nach unten, ging ein paar Schritte zurück und wieder zur Kante. Ich kletterte ebenfalls hinauf, um ihm beizustehen, und gemeinsam versuchten wir, den Mut aufzubringen, um zu springen. Doch letzten Endes kletterten wir gemeinsam wieder hinunter. Später, als wir zu den Umkleiden gingen, wollte er es noch einmal versuchen. Dieses Mal schaute er vielleicht zehn Sekunden lang auf das Wasser, ging einen Schritt zurück, einen Schritt vor – und sprang. Adrenalin rauschte durch seinen Körper, er strahlte den ganzen Weg nach Hause und wollte allen erzählen, dass er sich getraut hatte, vom Fünfer zu springen.

Wir Menschen suchen Herausforderungen und wachsen an ihnen. Wahrscheinlich gibt es keine Gesellschaftsform, in der Kinder sich nicht untereinander messen, indem sie schauen, wer am schnellsten rennen, am weitesten werfen oder am höchsten springen kann. Gibt es in der Nähe einen Baum oder Hügel, wollen Kinder ihn erklimmen.

Auch ich muss, wenn ich laufen oder im Fitnessstudio trainieren gehe, mir ein Ziel setzen, um motiviert zu sein, sei es, irgendwann einen Marathon zu laufen oder 100 Kilogramm auf der Bank stemmen zu können. Ich spiele in der fünften und sechsten finnischen Liga Fußball. Bei nur einem Training pro Woche sind meine Fitness und mein Können bei Weitem nicht auf dem Niveau eines Profispielers, aber ich habe noch immer großen Spaß beim Trainieren und an den Spielen. An einem Gegner vorbeidribbeln, einen genialen Pass ausführen, ein Tor schießen – all diese tollen Momente auf dem Platz sorgen bei mir für Glücksgefühle. Um ehrlich zu sein, erfüllt es mich ebenso mit Freude und dem Gefühl, etwas gut zu können, wenn ich zuhause mit meinen Kindern spiele, auch wenn es keine so große Kunst ist, an einem Sechsjährigen vorbeizudribbeln.

Ganz egal, wie gut unser Können ist – ob auf olympischem Niveau oder als gewöhnliches Hobby –, wir Menschen suchen stets die Herausforderung.

Wir genießen das Gefühl, etwas gut zu beherrschen, etwas zu schaffen, zu wachsen und zu lernen – das Gefühl der Kompetenz ist ein menschliches Bedürfnis.[156]

Deshalb setzen wir uns ambitionierte, aber gerade noch erreichbare Ziele und übernehmen schwere Aufgaben, weil sie uns herausfordern. Der Autor James Michener drückt es sehr treffend aus: »Ich mag Herausforderungen. Niederlagen machen mir nichts aus. Ich gebe mit Siegen nicht an. Ich will einfach nur mitspielen.«[157] Diese Idee steckt auch in dem von Coubertin formulierten Grundgedanken der Olympischen Spiele: »Das Wichtigste im Leben ist nicht der Triumph, sondern der Kampf; es ist nicht wesentlich, gesiegt, sondern gut gekämpft zu haben.«[158]

Neben Sport und anderen Aktivitäten, die Ausdauer erfordern, können handwerkliche oder künstlerische Tätigkeiten in uns das Gefühl, etwas gut zu können oder zu beherrschen, wecken, sei es Zeichnen, Malen, Stricken, Töpfern, Kochen oder Gartenarbeit. Nehmen wir derartige Hobbys jedoch zu ernst, verlieren wir die Freude an ihnen. Für gewöhnlich beginnen wir mit einer Aktivität, freuen uns, wie schnell sich unsere Fähigkeiten verbessern, sodass wir bald schon beeindruckende Dinge selbst erschaffen können – einen Pullover mit einem komplizierten Muster, eine aufwendige Torte oder Ohrringe aus Recyclingmaterialien. Anschließend posten wir ein paar Fotos auf Instagram und ernten Komplimente von anderen. Das triggert uns, und wir erstellen einen neuen Social-Media-Account für unsere Kreationen, was dazu führt, dass unser Hobby kein reines Hobby mehr ist, sondern vielmehr ein Auftrag, denn wir zählen die Likes unserer neuesten Kreation. Eine Kollegin berichtete mir einmal von einem Zeichenkurs, den sie in London besuchte: Sie war dort die Einzige, die Zeichnen lediglich als Hobby ansah. Ich muss gestehen, auch ich neige zu dieser Haltung. Professor Richard Ryan war für mich ein wichtiger Mentor, Kollege und Freund in der Welt der Forschung. Einmal erzählte er mir, dass er gerne male. Sofort fragte ich, ob er seine Bilder in Ausstellungen zeigen oder seine »Künstlerkarriere« auf andere Weise vorantreiben würde. Nein, antwortete er, er tue das absichtlich nicht, denn er möchte Malen als sein eigenes Ding beibehalten, als etwas, das er gern tut, weil er sich darin verlieren und kreativ ausleben kann.

Sucht man nach Erfolg und Anerkennung in den Augen anderer, kann das die Freude an einem Hobby kosten.

Wenn Sie malen, malen Sie für sich selbst. Denn wir brauchen keinen Erfolg, sondern gemäß dem Psychologen Gilbert Brim Herausforderungen, die uns »lediglich überschaubare Schwierigkeiten« bereiten.[159]

Forschungen zum Thema Flow – dem Zustand vollkommener Absorption bei einer Aufgabe oder Beschäftigung – haben gezeigt, dass das optimale Level an Können ein ausgewogenes Verhältnis von Herausforderung und Fähigkeit erfordert. Wenn der Schwierigkeitsgrad sehr hoch ist, aber unsere Fähigkeiten eher Anfängerniveau entsprechen, dann führt das zu einem schwächeren Selbstbewusstsein und einem Gefühl des Versagens. Ist der Schwierigkeitsgrad jedoch zu niedrig im Vergleich zu unseren Fähigkeiten, langweilen wir uns. Die Aufgabe erscheint öde und banal, wir empfinden keinerlei Begeisterung.

Optimale Aufgaben oder Beschäftigungen sind weder unter- noch überfordernd, sondern fordern uns in genau dem richtigen Maß heraus.

Wir müssen uns anstrengen, gut konzentrieren, aber kommen mit ihnen zurecht. Machen Sie sich auf die Suche nach Ihrem Ding, üben Sie dieses Hobby aus und genießen Sie das Gefühl, gut in etwas zu sein – unabhängig davon, wie gut oder schlecht Sie im Vergleich zu anderen in diesem Bereich sind.

Gilbert Brim beschreibt, wie sein Vater, sobald er im Ruhestand war, einen alten, leer stehenden Bauernhof mit mehreren hundert Morgen Land im Nordwesten Connecticuts kaufte.[160] Er schnitt die Büsche und Bäume zurück, damit er von der Veranda aus auf seine schönen Hügel blicken konnte. Nach einigen Jahren bemerkte Gilbert, dass die oberen Bereiche der Hügel nicht mehr so gepflegt waren wie zuvor, da sie nicht länger im Aktionsradius seines älter werdenden Vaters lagen. Letzten Endes ließ sein Vater die Hügel so, wie sie waren, und konzentrierte sich auf die Gartenarbeit, pflanzte Spargel, Himbeeren und viele schöne Blumen an. Ein paar Jahre nach seinem neunzigsten Geburtstag musste er den Garten aufgeben, kümmerte sich jedoch noch immer um die kleinen Blumenrabatte am Haus und die Blumenkästen, da er sich für die Pflege dieser nicht hinknien musste. Selbst als er körperlich stark abbaute, fand er noch immer überschaubare Aufgaben, die ihn herausforderten und beschäftigten.

Meinem Großvater erging es ähnlich: Im Rentenalter steckte er seine scheinbar endlose Energie ins Heimwerken. Seine größte Errungenschaft in dieser Hinsicht war ein Segelboot aus Holz, das er für sich und seine Frau zimmerte, damit sie im Sommer gemeinsam segeln gehen konnten. Später baute er große, zwei Meter hohe Windmühlen, ebenfalls aus Holz, für die Gärten seiner Kinder. Und noch später, um seinen neunzigsten Geburtstag herum, baute er neun kleine, zehn Zentimeter hohe Windmühlen für seine neun Enkelkinder. Am Fuß meiner Windmühle steht »von dem Windmühlenbauer«. Er war ein Mann, der ständig ein Projekt haben musste – sei es das Entwerfen von Wasserturbinen und Stahlmühlen während seiner Berufstätigkeit oder das Bauen von Holzwindmühlen in seinen letzten Lebensjahren.

In der Kindheit erweitern sich unsere Fähigkeiten, und wir benötigen immer größere Herausforderungen, um unsere Begeisterung aufrechtzuerhalten.

Im fortgeschrittenen Alter – das zeigen die oben genannten Beispiele nur zu gut – müssen wir den gegenteiligen Prozess durchlaufen und die Herausforderungen Schritt für Schritt verkleinern, damit sie im Gleichgewicht mit unseren Fähigkeiten bleiben. Und dennoch gilt derselbe Grundsatz: Egal, in welchem Alter und mit welchen Fähigkeiten, wir brauchen Herausforderungen, die gerade noch erreichbar sind, Aktivitäten, in denen wir uns verlieren können, die uns an unsere Grenzen bringen und uns ein Gefühl von Erfolg geben. In manchen Fällen sind dies große Herausforderungen, in anderen Fällen winzige Schritte.

Leben Sie Ihr eigenes Leben

Lieben Sie sich selbst. Kennen Sie sich selbst. Damit beginnt alles. Lernen Sie, zu akzeptieren, wer Sie sind, dass Sie manchmal Fehler machen, dass Sie bestimmte Stärken, aber eben auch viele Schwächen haben. Lernen Sie mit sich im Einklang zu leben und sich so zu lieben, wie Sie sind. Und anschließend lernen Sie sich selbst kennen: Was erfüllt Sie mit Freude? Was weckt Ihre Leidenschaft? Wofür interessieren Sie sich? Was tun Sie gern? Welchen Ratschlag fürs Leben würde Ihnen ein guter Freund oder eine gute Freundin geben? Was würden Sie einem Menschen, der Ihnen ähnlich ist, raten, mit seinem Leben anzufangen?

Sobald Sie sich selbst akzeptiert und sich lieben gelernt haben, richten Sie Ihren Fokus auf die Zukunft: Welche Bestrebungen oder Ziele sorgen bei Ihnen für Vorfreude, Begeisterung oder Nervenkitzel? Setzen Sie in diesen Bereichen Ziele, die Sie gerade noch erreichen können. Machen Sie anschließend Pläne, wie Sie sie erreichen. Und machen Sie dann den ersten Schritt – noch heute. Denn so beginnen Sie, Ihr eigenes Leben zu leben.

KAPITEL 9

Kümmern Sie sich um andere

Talkoot ist ein altes finnisches Wort und bedeutet so viel wie »zusammenarbeiten, um etwas zu schaffen, das ein Mensch allein nicht schaffen könnte.« Als Finnland noch eine hauptsächlich agrarwirtschaftlich geprägte Gesellschaft war, organisierten die Bauern und Großgrundbesitzer *talkoots* für größere Projekte, wie etwa das Decken einer Scheune. Die Nachbarschaft kam freiwillig zu Hilfe, arbeitete einen ganzen Tag, und anschließend feierte man zusammen mit Essen und Trinken. Einen Monat später, wenn jemand anderes Hilfe beim Düngen der Felder brauchte, kam die Nachbarschaft erneut zusammen für ein *talkoot*. Diese Tradition gibt es noch heute. Letzten Sommer pflanzten die Leute aus meiner Nachbarschaft einen ganzen Tag lang Bäume und kümmerten sich um die gemeinsamen Grünflächen. Am Abend stellten wir Tische auf und kamen zusammen, um zu feiern. Essen und Trinken sind die offensichtlichen Belohnungen so eines *talkoots*, doch die größte Bereicherung ist, dass wir zusammenkommen und unsere Mitmenschen kennenlernen, während wir gemeinsam an einem Projekt arbeiten. An dem Abend wurde viel gelacht, doch am beeindruckendsten war die Freude, die wir während des Arbeitstages empfunden hatten.

Ein Gefühl von Gemeinschaft ist extrem wichtig für uns Menschen. Wir sind auf zwischenmenschliche, von Fürsorge geprägte Beziehungen und das Gefühl der Zugehörigkeit angewiesen. Ich brauche wohl kaum die umfangreichen Forschungsergebnisse aus der Psychologie zu bemühen, um Ihnen klarzumachen, welche positiven Auswirkungen enge zwischenmenschliche Beziehungen für uns haben, denn Sie haben sicherlich bereits selbst gemerkt, dass die gemeinsame Zeit mit den Menschen, die Ihnen am Herzen liegen, für Freude und Sinnhaftigkeit in Ihrem Leben sorgt.[161] Ein kurzer Radurlaub mit meinem ältesten Sohn, ein Saunabesuch und anschließendes Eisbad im See mit meiner Frau, Schwimmen gehen mit meinen beiden jüngeren Söhnen, Training mit meinem Fußballteam und ein paar Bier mit Freunden, die ich schon Jahrzehnte kenne – all das sind nur ein paar Beispiele für Augenblicke der letzten Wochen, die mir etwas bedeuteten. Was all diese Erlebnisse gemeinsam haben: Ich habe etwas mit den Menschen unternommen, die mir wichtig sind – und denen ich wichtig bin.

Mensch sein bedeutet Intersein[162]

Wenn wir uns das Blatt eines Baumes anschauen, sehen wir dann dieselbe Farbe? Das können wir nicht genau feststellen. Denn Sie und ich haben gelernt, dass Blätter die Farbe Grün haben. Aber ich werde nie wissen, wie genau Sie »grün« wahrnehmen. Und auch Sie können Grün nicht durch meine Augen sehen. Jeder Mensch nimmt die Welt aus seiner eigenen Perspektive wahr. Somit gibt es einen unüberwindbaren Graben zwischen uns. Ich habe meinen Hintergrund – die Überzeugungen, die mir meine Eltern und die Kultur, in der ich aufgewachsen bin, vermittelt haben, die individuellen Erfahrungen, die ich in meiner Kindheit gemacht habe –, und Sie haben Ihren Hintergrund. Wir werden die Welt nie mit denselben Augen sehen. Tatsächlich können sogar einzelne Wörter für uns leicht abweichende Bedeutungen haben, je nachdem in welchem Kontext wir diese Wörter gelernt haben. Sie haben Ihre Vorstellungen darüber, was »Glücklichsein« bedeutet, basierend auf Ihren Erfahrungen im Leben, und ich habe meine eigene Vorstellung davon. In Gesprächen benutzen wir dieselben Begriffe, ohne darüber nachzudenken, aber wissen wir, ob wir wirklich über dasselbe sprechen?

Als ich Psychologie studierte, beschäftigte mich die Frage, wie sehr sich das Denken der Menschen unterscheidet. Niemals werde ich einen anderen Menschen wahrhaftig erreichen können, denn wir erfahren die Welt zwangsläufig aus zwei verschiedenen Blickwinkeln. Und diese werden niemals vollkommen deckungsgleich sein, sodass es immer eine Kluft zwischen meinem Denken und dem Denken anderer Menschen geben wird. In meinen Zwanzigern sorgte dieser Gedanke bei mir für schlaflose Nächte.

Doch eines Tages fiel es mir wie Schuppen von den Augen. Ich kann mich noch ganz genau an den Moment erinnern. Ich war auf einer Party der Philosophiefachschaft im Kellergeschoss eines alten Universitätsgebäudes aus dem 19. Jahrhundert, mit Wänden aus Backstein und billigem Bier. Was ich an diesen Partys so liebte, war, dass man in einem Moment herumalberte und die typischen »Als ich einmal betrunken war«-Geschichten erzählte, im nächsten aber den Solipsismus diskutierte, Immanuel Kants kategorischen Imperativ oder andere, ernste philosophische Fragen. Dort also, gemeinsam mit ein paar Freunden, besprachen wir die großen Fragen des Lebens.

In meinem Leben hatte ich nicht viele Triumphmomente, aber mitten in einem Gespräch bei der besagten Party fiel mir plötzlich die Antwort auf das Dilemma der oben erwähnten gedanklichen Getrenntheit zweier Menschen ein. Wir werden womöglich niemals auf *intellektueller* Ebene vereint sein, aber können auf *emotionaler* Ebene eine enge Verbindung miteinander eingehen.

»Diese Einsicht entfachte mich förmlich. Sie führte dazu, dass ich eine Verbindung mit den Menschen in meiner Nähe einging – noch wichtiger: Diese Verbindung fand aufgrund der Art, wie wir zusammen waren, statt, und zwar auf emotionaler Ebene, nicht auf rationaler Ebene.«

Diese Worte schrieb ich ein paar Tage nach dem Vorfall auf. Menschsein ist Intersein.

Wir Menschen sind vielleicht getrennte, einzelne Inseln, die über Sprache miteinander in Kontakt treten und versuchen, ihren Standpunkt anderen zu erklären. Wahrscheinlich ist das einer der Hauptgründe, warum man sich mit Philosophie beschäftigt, was eine um vier Uhr morgens versendete Textnachricht eines Philosophiekommilitonen von mir ein paar Jahre zuvor veranschaulicht: »Philosophie ist der Versuch, mit anderen Menschen in Kontakt zu treten.« Doch wir werden andere niemals nur mit Worten erreichen. Wir können noch so viel erklären, eine Kluft potenzieller Fehlinterpretation bleibt immer bestehen. Was mir klar wurde, ist, dass dies keine Rolle spielt. Die existenzielle Einsamkeit, unter der ich gelitten hatte, würde nicht durch rationales Denken gelöst werden. Unsere Verbundenheit zu anderen Menschen ist letzten Endes eine Frage von Emotionen, nicht eine Frage der Vernunft. Wir gehen starke Bindungen mit anderen ein. Wir *fühlen* uns als eins, wir *fühlen*, es gibt eine enge Beziehung zwischen uns. Wir spüren deutlich, dass wir gemeinsam einen besonderen Moment erleben – wie bei dem Gespräch auf der Uniparty damals.

Praktisch alle Theorien der menschlichen Bedürfnisse beinhalten ein soziales Bedürfnis, ob es nun das »Liebesbedürfnis« genannt wird wie bei Abraham Maslow, dessen Texte zur Bedürfnishierarchie weitbekannt sind, oder Verbundenheit wie in der Selbstbestimmungstheorie, die zurzeit am meisten untersuchte Theorie der menschlichen Bedürfnisse, oder aber auch das Bedürfnis nach Zugehörigkeit, nach Anschluss oder nach Vereinigung, wie einige andere Theoretiker es nennen.[163] Dennoch habe ich das Gefühl, die Sozialität des Menschen ist mehr als das.

Es geht nicht nur darum, dass ich als separate, atomistische Einheit andere Menschen benötige. Sondern darum, dass ein Teil dessen, was ich bin, mit anderen Menschen verschmilzt.

Zwar habe ich physisch gesehen einen separaten Körper und meinen einzigartigen Blickwinkel, aber wenn ich an *mich* denke – daran, wer ich bin, was mir wichtig ist und wie meine Weltanschauung sich darstellt –, dann ist diese Wahrnehmung meiner selbst bereits mit anderen Menschen verschränkt. Denn ich sorge mich um die Menschen, die ich liebe, genauso, wie ich mich um mich selbst sorge.

Wie in Kapitel 2 erwähnt, hing ich in meinen Zwanzigern mit sehr unterschiedlichen Menschengruppen herum. Einen Tag diskutierte ich David Hume und Tierrechte mit Philosophiestudierenden und am nächsten Tag unterhielt ich mich mit Wirtschaftsstudierenden auf einer Party über Start-ups und den Aktienmarkt. Anschließend tanzte ich ekstatisch auf einer Hippie-Fete zu Trance, bevor ich nach Sankt Petersburg reiste, um dort mit russischen Studierenden politische Fragen zu diskutieren. Danach gingen wir zu einem der berühmtesten Untergrund-Clubs der Stadt (das war Anfang der 2000er-Jahre, als Russland noch relativ liberal war). Die Jugend ist eine Zeit der Entdeckungen, und mein Versuch, mich in verschiedene Gruppierungen einzufügen, war Absicht – ich wollte herausfinden, welche Art Mensch ich, umgeben von diesen und jenen Menschen, sein würde. Dabei handelte es sich jedoch nicht um oberflächliches Verstellen, nein, ich verhielt mich nicht nur unterschiedlich in Gegenwart der jeweiligen Gruppe, sondern war auch ein anderer Mensch. Ich erzählte andere Witze, berücksichtigte unterschiedliche Dinge im Gespräch und schätzte sogar unterschiedliche Dinge wert. Heute, mit Anfang vierzig, ist meine Persönlichkeit einheitlicher, doch diese erfahrungsreichen Jugendjahre waren meines Erachtens notwendig, um der Mensch zu werden, der ich heute bin.

Wenn wir mit anderen Menschen interagieren, dann sind das nicht nur zwei eigenständige Einheiten, die sich austauschen, wie in einem Tischtennis-Match. Interaktion beeinflusst, wer wir sind – die Persönlichkeiten beider Beteiligter werden in der Interaktion gebildet. Bestimmte Teile von mir erwachen in Gegenwart bestimmter Menschen zum Leben. Eine Handvoll Freunde bringt zum Beispiel eine überaus extrovertierte, selbstbewusste Seite von mir zum Vorschein, jemanden, der gern lauthals lacht. Andere Freunde sprechen eher meine grüblerische, beinahe melancholische Seite an. Mein Leben ist reicher und meine Persönlichkeit komplexer, da ich diese beiden Arten von Freunden habe. Wir sind die Menschen, mit denen wir interagieren. Was tragischerweise auch bedeutet, dass, wenn ich einen geliebten Menschen verliere, ich ihn nicht nur als Person, mit der ich interagiere, verliere, sondern eben auch einen Teil von mir selbst verliere.

Sorgt man sich um andere Menschen, ist das folglich nicht nur eine bewusste Entscheidung, sein Mitgefühl auf etwas außerhalb von sich selbst auszuweiten.

Das tun wir auch häufig, wenn wir zum Beispiel für einen guten Zweck spenden und so Menschen helfen, die wir niemals persönlich treffen werden. Doch Fürsorge geht darüber hinaus. Sorgen wir uns um Menschen, die uns am Herzen liegen, bedeutet das letzten Endes, dass wir uns um unser erweitertes Selbst kümmern, um uns und um die Verbindung zu den Menschen um uns herum.

KAPITEL 9

Wie wäre es mit Relationismus statt Kollektivismus und Individualismus?

Menschen sind Herdentiere. Eine lange Zeit lebte unsere Spezies in kleinen Herden und Stämmen. Diese Stämme waren eng gestrickte, kleine Einheiten und neigten dazu, die Gruppe vor das Individuum zu stellen. Ähnlich verhielt es sich mit landwirtschaftlich geprägten Gesellschaften im Mittelalter, in denen das Schicksal eines Menschen bereits mit seiner Geburt in Stein gemeißelt war: Man wurde als Kind bestimmter Eltern mit einem bestimmten Status innerhalb der Gruppe geboren. Wie das Leben verlaufen würde und was aus einem werden konnte, bestimmte hauptsächlich die Stellung der Eltern. Von außen wurde also eine Rolle zugewiesen, und so verbrachte man sein Leben als Bauer, Magd, Vater, Frau, Bürger oder Bürgerin und so weiter. Je nach Rolle wurden unterschiedliche Verhaltensweisen von einem erwartet. Sklaven und Sklavinnen sowie Kleinbauern und Kleinbäuerinnen wurden, bis auf wenige Ausnahmen, keine Adeligen. Und der Mensch selbst hatte diesbezüglich im Grunde nichts zu sagen. In einer Gesellschaft mit vorbestimmten Rollen lernte man schlichtweg, dass die äußere Rolle wichtiger war als die inneren Gefühle. Als Kind, Vater oder Mutter, als ein Mitglied der Familie und der Gemeinschaft hatte man bestimmte, mit der Rolle einhergehende Pflichten. Und das Leben bestand aus der Aufgabe, eben diese Pflichten zu erfüllen – ganz egal, was man selbst sich vielleicht gewünscht hätte. Ein ehrenhaftes Leben zeichnete sich dadurch aus, dass man seine Rolle vorbildlich erfüllte. Schaffte man dies nicht, scheiterte man im Leben. Da gab es keine Entschuldigungen oder Ausnahmen.

Der moderne Individualismus begann als Schlachtruf gegen die Zwänge einer derart kollektivistisch ausgelegten Gesellschaft, in der Stellung und Möglichkeiten im Leben weitestgehend bei der Geburt und durch die Zeit, in der man geboren wurde, bestimmt wurden. Die statische mittelalterliche Gesellschaft wurde immer stärker verdrängt durch eine dynamischere und industrialisierte Gesellschaft im 19. Jahrhundert.

Demokratie, Massenbildung, Unternehmergeist, Urbanisierung und Erwerbstätigkeit aufgrund von Verdienst und nicht aufgrund von Abstammung – all diese neuen Erfindungen ermöglichten es Menschen, im Leben voranzukommen und Entscheidungen zu treffen.

Gleichzeitig predigten Philosophen und Denker wie Ralph Waldo Emerson in den USA, Friedrich Nietzsche in Deutschland und Fjodor Dostojewski in Russland eine neue Form des ehrbaren Individualismus, bei dem wir die Werte der Gesellschaft nicht für selbstverständlich erachten, sondern lieber unsere eigenen Werte errichten sollten. Jeder sollte das Recht haben, seine eigene Lebensart zu erfinden, sein eigenes Leben in die Hand zu nehmen. Durch das Treffen von Entscheidungen für unser eigenes Leben sollten wir in der Lage sein, auf unser Herz anstatt auf unsere Eltern zu hören.

Dann lief irgendetwas schief, und dieser ehrbare Individualismus wurde schwächer. Manche geben den Schrecken des Ersten Weltkriegs die Schuld. Zu viele sture Männer folgten ihrer »Pflicht« in den sinnlosen Tod. Andere meinen, die Nazi-Propaganda habe das Konzept geklaut und die persönliche, moralische Stärke umgedichtet in Massengehorsam. Roy Baumeister drückt es so aus: »In Sachen schlechte PR gibt es nichts Besseres als die persönliche Unterstützung von Adolf Hitler.«[164] Wieder andere behaupten, dass die neue Konsumgesellschaft und Werbeindustrie mit dem Slogan »Du bist, was du kaufst« die inneren, moralischen Überzeugungen in eine äußere Zurschaustellung von Identität verwandelt haben.

In jedem Fall ist das, was wir heute offenbar haben, weit entfernt von den edlen Ursprüngen des Individualismus. Das Recht, sich selbst zu definieren, indem man seine eigenen Werte findet, wurde umgewandelt in das Recht, sich selbst zu definieren, indem man bestimmte Marken trägt. Ich habe Wünsche, und all meine Wünsche müssen erfüllt werden – darum geht es beim modernen *Konsumindividualismus*. Wir sind »eine Generation, die mit einer exzessiven Konsumkultur aufgewachsen ist und mit Werbung bombardiert wurde«, erklärt Professor John Pitts, was uns wiederum zu einem Individualismus führte, in dem wir »nicht durch das, was wir getan haben, definiert« werden, sondern »durch das, was wir kaufen.«[165]

Ich persönlich denke nicht, dass eine Rückkehr zum Kollektivismus die Lösung ist. Vielmehr meine ich, dass jeder das Recht haben sollte, auf sein Herz zu hören, seinen eigenen Interessen und Werten zu folgen, statt sich den Interessen seiner Eltern, Familien oder Gemeinschaften unterzuordnen. Dennoch scheint es gleichzeitig so, als hätte der moderne Individualismus die positive Fürsorge für andere verloren, was eines der attraktiveren Charakteristika des Kollektivismus war. Familien- oder Stammmitglieder halfen einander sofort, denn das machte man einfach, man investierte Zeit und Geld, um denen in der Familie oder im Stamm zu helfen, die es am meisten brauchten. *Talkoot* verkörpert die beste Seite des Kollektivismus.

Was wir brauchen, ist eine Synthese der besten Aspekte von Kollektivismus und Individualismus. Was wir brauchen, ist Relationalismus. Dieser erkennt an, dass jeder von uns ein Individuum ist mit eigenen Bedürfnissen, Interessen und Träumen. Dementsprechend sollte jeder Mensch das Recht auf Selbstbestimmung haben, darauf, eigene Entscheidungen über sein Leben zu treffen. Gleichzeitig erkennt Relationalismus das Intersein an, die Tatsache, dass wir alle miteinander in Verbindung stehen und unsere Leben somit miteinander verwoben sind.

Relationalismus könnte auch *einfühlsamer Individualismus* heißen. Denn im Gegensatz zum Konsumindividualismus betont er weniger, wie wir aussehen, aber mehr, wie wir uns wirklich fühlen. Wir alle sind in der Lage, einfühlsam zu sein und uns um andere zu sorgen, doch diese Fähigkeit versteckt sich häufig hinter der kulturellen Propaganda, die uns vorschreibt, dass wir uns nur um unser eigenes Glück kümmern sollen. Beim einfühlsamen Individualismus geht es darum, dass wir in der Lage sind, diese Nachrichten zu ignorieren und stattdessen auf unseren Kopf und unser Herz zu hören. Und dadurch werden viele von uns merken, dass sie viel einfühlsamer sind, als sie bis dahin dachten. Denn kümmern wir uns nur um uns selbst, verfallen wir dem Irrglauben, wir seien gar nicht zu so viel Mitgefühl fähig.

Dadurch erklärt sich das Paradox, welches Studien in den USA aufgedeckt haben: »Die am stärksten individualistisch geprägten Menschen waren gleichzeitig am ehesten dazu geneigt, es wertzuschätzen, anderen Menschen zu helfen.«[166] Stark individualistische Menschen wurden weniger von der Kulturpropaganda beeinflusst und waren somit in der Lage, sich an ihre eigenen Regeln und Werte zu halten. Während sie ihrem eigenen Weg folgten, entwickelten sie die Fähigkeit, sich um andere zu kümmern – und so lebten sie letztlich ein Leben, in dem sie anderen mehr halfen als jene, die sich stärker nach den gesellschaftlichen Strukturen richteten.

Konsumindividualismus ist eine reaktive Form von Individualismus. Ein halbherziger Versuch, individuell zu sein und gleichzeitig die Produkte zu konsumieren, die uns in der Werbung als die Individualität fördernd angepriesen werden. Einfühlsamer Individualismus hingegen ist aktiver Individualismus. Denn der Mensch hört wirklich auf sich selbst und findet heraus, welchen inneren Werten er in seinem Leben folgen will. Die Frage ist: Welchen Weg möchten Sie in Ihrem Leben einschlagen?

KAPITEL 9

Sorgen Sie für sich und andere gleichermaßen

Eigennützig zu leben, bedeutet meistens, unvernünftig zu leben. Schaden wir unseren Beziehungen zugunsten eines kurzfristigen, persönlichen Gewinns, dann schaden wir meistens uns selbst damit auf lange Sicht. Wenn ein Sechsjähriger beim Fußballspielen mit den Nachbarskindern darauf beharrt, ein Tor geschossen zu haben, dann bekommt er vielleicht in dem Moment nur wegen seiner Willenskraft das, was er wollte, da die anderen Kinder irgendwann so von seinem wütenden Geschrei genervt sind, dass sie klein beigeben. Was das Kind allerdings nicht begreift, ist, dass es in Zukunft womöglich nicht mehr gefragt wird, ob es mitspielen will, wenn solche Wutausbrüche häufiger vorkommen. Andere Menschen sind entscheidend für unser Wohlbefinden, sie sind eine wichtige Stütze und Hilfe, und wenn wir sie ignorieren, zahlen wir früher oder später den Preis für dieses Verhalten.

Leben wir extrem selbstlos, ist das ebenfalls unvernünftig. Manche Menschen kümmern sich so sehr um andere, dass sie ihre eigenen Wünsche und Bedürfnisse vollkommen vergessen. Manche tun das in ihren Beziehungen, indem sie die Bedürfnisse ihres Partners oder ihrer Partnerin über die eigenen stellen und alles auf die Wünsche des oder der anderen ausrichten. Manche tun das bei ihrer Arbeit, können zu keiner Anfrage Nein sagen und ignorieren die eigentlich entscheidenden Aufgaben, da sie so fokussiert darauf sind, es allen anderen recht zu machen. Manche Menschen erlernen dieses Verhalten bereits in der Kindheit, da ihre Eltern ihnen vorleben, dass ihre eigenen Wünsche nicht wichtig sind, dass sie die Ziele erreichen müssen, die ihre Eltern ihnen vorgeben – oder das Gegenteil ist der Fall und die Kinder ahmen das Verhalten ihrer aufopferungsvollen, zu selbstlosen Eltern nach. Viele Menschen müssen erst lernen, diese schädlichen Verhaltensmuster abzulegen, insbesondere Frauen wird das Ignorieren ihrer Bedürfnisse oft beigebracht. Hören Sie auf Ihre eigenen Bedürfnisse, denn so lernen Sie, für sich selbst einzustehen und sich den Raum zu schaffen, den Sie brauchen, um entsprechend Ihrer eigenen Werte und Ansprüche zu leben.

Wie bei allem im Leben ist Balance hier der Schlüssel zum Erfolg. Hören Sie auf Ihre Bedürfnisse – aber hören Sie auch auf die Bedürfnisse der Menschen um Sie herum. Trauen Sie sich, Ihren Träumen zu folgen – aber achten Sie ebenso die Träume anderer. Umgeben Sie sich mit anderen Menschen, bauen Sie Beziehungen auf und kümmern Sie sich um andere, aber tun Sie dies, so wie Sie es wollen. Manchmal ist ein klares »Nein« am besten geeignet, um einem Freund oder einer Freundin zu helfen. Das Beste für jemand anderen zu wollen, heißt nicht automatisch, allem zuzustimmen, was der oder die andere möchte. Trifft jemand eine falsche Entscheidung, dann helfen Sie am besten, indem Sie ihn oder sie davor warnen. Ähnlich verhält es sich, wenn Ihre Freundin Sie zu einer Geburtstagsfeier einlädt, am gleichen Abend jedoch Ihre absolute Lieblingsband ein Konzert gibt, worauf Sie jahrelang gewartet haben. Wenn dieses Konzert so wichtig für Sie ist, sagen Sie Ihrer Freundin für den Abend ab. Wir sind alle miteinander verbunden (Stichwort: Intersein) – je besser wir unsere Bedürfnisse und die der anderen kennen, desto besser können wir einander verstehen und Lösungen finden, die für uns alle am besten sind.

Wir haben bereits festgehalten, dass es keine falsche Art zu leben gibt. Gehen Sie keine Beziehungen mit anderen ein, nur weil Sie das müssen. Machen Sie aber auch nicht den Fehler, Ihren selbstgefälligen Neigungen nachzugeben und anzunehmen, diese führen Sie auf den richtigen Weg. Bauen Sie Beziehungen zu anderen auf, da Sie das sowieso schon tun und weil es gut für Sie ist. Fallen Sie nicht der individualistischen, isolierten Weltanschauung zum Opfer, die ein unvollständiges Bild des menschlichen Wesens zeichnet. Scheuen Sie sich nicht vor dem Intersein und davor, mit anderen in Beziehung zu treten. Diese Beziehungen aufzubauen und zu pflegen, stellt für die meisten von uns den Weg zu einem sinnstiftenden Leben dar.

Fangen Sie an, sich um andere zu kümmern. Nicht, weil Sie das müssen, sondern weil Sie das bereits tun.

KAPITEL 10

Bemühen Sie sich um eine bessere Welt

Ein junger Soldat, der am Kopf von einer Kugel getroffen wurde und dadurch erblindete, brauchte jemanden, der ihn ins Krankenhaus begleitete. Doch seine Truppen waren umringt von der sowjetischen Armee, weshalb sie sich an den feindlichen Linien vorbeischleichen mussten, in der Hoffnung, der dichte Wald würde Schutz genug sein. Helge, ein junger Hauptgefreiter, übernahm die Aufgabe, denn der verwundete Soldat war sein Freund. Mit einer Karte in der einen Hand und der Hand seines Freundes in der anderen machte er sich auf den Weg durch den Wald, wo hinter jedem Baum ein feindlicher Soldat lauern konnte.

Mein Großvater Helge war neunzehn Jahre alt, als die Sowjetunion Finnland 1939 angriff. Den blinden Freund durch die feindlichen Linien zu führen, war nur eine der Herausforderungen, die er während des Krieges meistern musste. »Es tut verdammt weh, mitanzusehen, wie dein Kumpel neben dir stirbt«, erzählte er mir eines Tages. Während ich in meinen Zwanzigern Partys besuchte und studierte (und zwar in dieser Reihenfolge), verbrachte er jene Jahre in Schützengräben, unter Beschuss des Feindes, und verteidigte sein Heimatland. Finnland mit einer Bevölkerung von damals 3,7 Millionen Menschen hätte im Grunde keine Chance gegen die militärische Supermacht der Sowjetunion mit ihren 170 Millionen Einwohner:innen gehabt. Doch der Mut und die Opferbereitschaft der finnischen Soldaten sowie ihre Überlegenheit, unter arktischen Bedingungen zu kämpfen, sorgten dafür, dass Finnland auch nach dem Ende des Zweiten Weltkrieges ein unabhängiges Land blieb.

Was passiert mit der Psyche eines Menschen, wenn er die prägenden Jahre seines Lebens in einem Krieg verbringt und hautnah miterlebt, wie Menschen sterben? Nach dem Krieg schwiegen viele der Männer, sie wollten mit ihren Frauen oder Kindern nicht über ihre Erfahrungen sprechen. Manche brachen zusammen, tranken sich in den Tod. Doch für viele – wie Helge – sorgte der Krieg dafür, dass sie ihr restliches Leben mit einer starken Entschlossenheit führten. Sie hatten den Auftrag, ihr Land wieder aufzubauen, sicherzustellen, dass all das Sterben und all die Opfer nicht umsonst waren, dass Finnland es auch in der Zukunft wert war, verteidigt zu werden.

Als Helge im Alter von vierzig Jahren die Stelle des Vorstandsvorsitzenden einer neu gegründeten staatlichen Stahlfabrik angeboten bekam, wo er nur rund die Hälfte dessen verdienen würde, was er als Leiter eines privaten Unternehmens verdiente, zögerte er keinen Augenblick, die Stelle anzunehmen. Für ihn war es eine Ehre, seinem Land dienen zu können. Geld spielte dabei keine Rolle. Für ihn war Arbeit eine patriotische Pflicht und Gewissenhaftigkeit eine wichtige Tugend – denn er hatte das Gefühl, so zum Allgemeinwohl beizutragen. Sein Leben hatte Sinn, denn er hatte eine Sache gefunden, der er dienen konnte und die größer war als er selbst.

Während natürlich niemand mit einem Zwanzigjährigen, der in den Krieg ziehen muss, tauschen möchte, hatte mein Großvater doch einen deutlichen Vorteil gegenüber mir und Ihnen. Zu Beginn seines Erwachsenenlebens erhielt er einen klaren Auftrag, nämlich den, sein Vaterland zu verteidigen. Diejenigen von uns, die in friedlicheren, angenehmeren Zeiten geboren wurden, haben dieses Privileg nicht. Wir treiben umher, grübeln über zu viele Optionen nach, hinterfragen unsere Entscheidungen und probieren verschiedene Wege aus, ohne uns wirklich voll und ganz einer Sache zu verschreiben. In der Soziologie bezeichnet man diesen Zeitraum im Leben als *emerging adulthood*, also als ein sich entwickelndes Erwachsenensein, das unsere Zwanziger umfasst, in denen wir keine Jugendlichen mehr sind, aber auch noch keine vollwertigen Erwachsenen.[167] Diese Zeit zeichnet sich aus durch eine Art Zwischenstadium, in dem wir von einer Anstellung und Beziehung zur nächsten wechseln, in dem wir umziehen, finanziell von unseren Eltern abhängig sind, nicht wirklich wissen, was wir machen sollen, wenn wir »groß sind«. Heute fragen sich Menschen in ihren Vierzigern und Fünfzigern noch immer, was sie machen sollen, wenn sie groß sind. Es geht also nicht nur Ihnen so – sondern einer ganzen Generation.

Ich frage mich, ob mein Großvater, wenn er mit seinen Freunden im Schützengraben hockte, aus Kiefernwurzeln Holzutensilien schnitzte und auf die nächste Offensive der Sowjets wartete, an FOMO litt – an der *Fear Of Missing Out*, die unsere heutige Zeit so stark prägt.

Was sollen Sie mit Ihrem Leben anfangen?

Was sollen wir also anfangen mit diesem einzigartigen Leben, in das wir ohne unser Einverständnis geworfen wurden? Wir leben etwa 30.000 Tage lang – wenn wir 82 Jahre alt werden –, und sehr wahrscheinlich liegt bereits ein erheblicher Teil dieser Tage hinter Ihnen. Was sollen Sie mit den verbleibenden anfangen? Worauf können Sie Ihre Energie während der begrenzten Anzahl Tage, die Sie noch auf dieser Welt verbringen werden, richten?

Das grundlegende Credo dieses Buches lautet wie folgt: Sie *müssen* gar nichts tun. Sie sind weder Harry Potter, noch Luke oder Rey Skywalker, Frodo Beutlin oder Katniss Everdeen aus *Die Tribute von Panem.*

Das Universum hat Ihnen bei Ihrer Geburt keine Mission gegeben, die sich Ihnen nun allmählich erschließt, zusammen mit magischen Kräften.

Prinzipiell können Sie tun und lassen, was Sie wollen. Wenn Sie Ihr Leben darauf verwenden möchten, Zeitungsschnipsel wieder zusammenzupuzzeln, dann bitte, legen Sie los! Das ist das Schöne am Menschsein – Sie haben die Freiheit, selbst zu bestimmen, was Sie tun möchten.

Und doch empfehle ich Ihnen, trotz dieser Freiheit, ein paar große Ziele zu finden, denen Sie sich verschreiben möchten. Damit meine ich nicht den einen, alles überragenden »Sinn im Leben«. Darum geht es meistens in Romanen und Filmen. Nein, ich meine eine Handvoll eher alltägliche, konkrete »Aufgaben im Leben«. Das kann etwas so Einfaches sein, wie den Sekretärinnenjob für den lokalen Fußballverein zu übernehmen oder sich in der eigenen Nachbarschaft ehrenamtlich zu engagieren, sich um Ihre Enkelkinder zu kümmern oder auf die Kinder Ihrer Nachbarn aufzupassen, damit die beiden erschöpften jungen Eltern mal wieder etwas zu zweit unternehmen können.

Für all diese Aufgaben gibt es eine simple Regel: Konzentrieren Sie sich nicht auf sich selbst, sondern auf etwas Größeres als Sie selbst. Das kann Ihre Familie sein, Ihre Nachbarschaft, ein lokaler Club oder Verein, eine Organisation oder eine Gemeinde, die Stadt, in der Sie wohnen, das Land, in dem Sie geboren wurden – oder eine weit entfernte Gegend oder eine Gruppe von Menschen, die andere längst vergessen haben. Oder es könnte darum gehen, Kunst zu erschaffen, um Unterhaltung und Lachen. Manchmal hat diese Aufgabe mit Ihrer eigenen Geschichte zu tun; wurden Sie als Kind in der Schule gemobbt, dann könnte Ihre Aufgabe sein, bei einem Anti-Mobbing-Programm mitzuwirken. Wenn jemand aus Ihrem engen Umfeld an einer seltenen Erkrankung gestorben ist, kann es Ihre Aufgabe sein, das Leben der Menschen, die an derselben Erkrankung leiden, zu verbessern. Wen oder was auch immer Sie als Ihrer Hilfe und Unterstützung würdig erachten, bildet Ihre Aufgabe.

Warum sollten Sie sich um andere kümmern? Warum sollten Sie sich zu etwas verpflichten? Weil Fürsorge menschlich ist. Allen Menschen ist die Fähigkeit zur Fürsorge angeboren, eine Ausnahme stellen nur einige neurologische Erkrankungen dar.[168] Sehen wir jemanden leiden, dann zieht uns das herunter. Sehen wir jemanden, der sich freut,

dann hebt das unsere Stimmung. Kein Mensch ist eine Insel – es ist praktisch unmöglich, glücklich zu sein, wenn die Menschen um uns herum leiden.

Tun Sie etwas Gutes für jemand anderen, der Ihnen am Herzen liegt, dann ist das wiederum die Garantie dafür, dass Sie das Gefühl haben, etwas Bedeutendes, Sinnvolles zu tun.[169]

Verfolgen Sie Ziele, die größer sind als Sie selbst, ist das ebenfalls eine gute Abhilfe, sich nicht zu sehr auf Ihr eigenes Ego zu konzentrieren und es fördert ein stabiles Selbstwertgefühl.[170] Denken Sie lieber mehr darüber nach, ob Sie anderen helfen, anstatt darüber, ob andere Sie loben.

Manchmal bitte ich die Studierenden in meinen Kursen an der Uni, an einem Tag drei freundliche Dinge zu tun. Das kann sein, die eigenen Großeltern mal wieder anzurufen, das Geschirr des Mitbewohners abzuwaschen, dem Briefträger ein Glas Saft anzubieten oder aber einer Touristin, die sich verlaufen hat, den Weg zu erklären. Wenn wir im Nachhinein über diese Taten sprechen, dann fällt den Studierenden auf, wie erstaunlich gut sie sich dabei gefühlt haben. Und genau das hat die Forschung – darunter auch meine eigene – immer wieder gezeigt: Können wir einem anderen Menschen helfen oder eine Freude bereiten, macht uns das glücklicher.[171] Der Weg zum eigenen Glück und einem sinnstiftenden Leben beinhaltet die Suche nach etwas Größerem, für das es in Ihren Augen wert ist zu kämpfen.

Der Startpunkt Ihrer Aufgabe

Wo finden Sie also sinnvolle Aufgaben? Thomas Carlyle hatte ein einfaches Rezept für ein bedeutungsvolleres Leben: »Jede Art von Zweifel kann ausschließlich durch Handeln beseitigt werden«.[172] Statt an ein gottgegebenes, vorbestimmtes Mandat glaubte Carlyle, dass wir unsere Aufgabe im Hier und Jetzt finden, ganz egal, wie unsere konkrete Situation sich darstellt. Am besten ist es, Sie betrachten Ihre Umgebung, um mögliche Aufgaben zu bestimmen: Finden Sie heraus, was in Ordnung gebracht werden muss, was in der Welt um Sie herum besser sein könnte, und dann überlegen Sie, was Sie in dieser Hinsicht unternehmen könnten. Darin liegt Ihre Bestimmung. Carlyle drückt es so aus:

»Erfülle die Pflicht, die dir am nächsten liegt.«[173]

Sie leben nicht in einer idealen Welt. Es wird immer Schmerz, Ungerechtigkeit, Armut und andere Leiden geben. Anders ausgedrückt: Die Dinge könnten besser sein, wenn jemand einfach etwas dagegen tun würde. **Der erste Schritt** ist zu bestimmen, was besser sein könnte. Welche Angelegenheiten in Ihrer Umgebung beschäftigen Sie? Von welcher Art Freude würden Sie gern mehr sehen? **Der zweite Schritt** ist das Bewerten Ihrer eigenen Fähigkeiten und Mittel: Worin sind Sie gut? Welche besonderen Talente und Kenntnisse zeichnen Sie aus? Welche Beziehungen, Einflussmöglichkeiten und Geldmittel stehen Ihnen zur Verfügung? Anschließend **verbinden Sie die Punkte:** Was ist das Größte, das jemand mit Ihren Fähigkeiten bewirken kann, um die zuvor festgestellten Notstände zu verbessern? Wurde Ihnen selbst im Leben viel gegeben, dann handeln Sie jetzt und tun viel. Verändern Sie die Welt. Stehen Ihnen nur begrenzte Mittel zur Verfügung, dann tun Sie, was Sie mithilfe dieser Mittel tun können, egal, wie klein das auch sein mag. Carlyle drückte diese Idee eleganter aus: »Jedem Menschen wird ein innenliegendes Talent gegeben und eine bestimmte äußerliche, schicksalhafte Umgebung«, und es gilt, herauszufinden, was die beste Verwendung für »die Kombination der innerlichen und äußerlichen Fähigkeiten« ist.[174] Fragen Sie sich: **Was könnte ich geben oder leisten, was die Welt braucht?**

Finden Sie die Antwort auf diese Frage, dann wissen Sie, worin Ihre Aufgabe besteht. Der Literaturwissenschaftler Carlisle Moore fasst diese Botschaft treffend zusammen:

»Tue das, wofür du am besten geeignet bist, voller Entschiedenheit, und deine praktischen und spirituellen Sorgen werden enden.«[175]

Stecken Sie all Ihre Energie in den Prozess

Haben Sie sich jetzt eine Aufgabe überlegt? Gut. Sind Ihnen gleich mehrere eingefallen? Noch besser. Als Nächstes sorgen Sie sich bitte nicht darum, ob Sie diese Aufgaben jemals erfüllen werden – denn darum geht es gar nicht.

Erfolg ist vergänglich; dessen können Sie sich sicher sein. In den vorangegangenen Kapiteln haben wir erfahren, dass Sie, solange Sie Ihr Glück und Ihren Wert an äußere Quellen knüpfen, Sie eben diese Quellen nicht kontrollieren können. Was Sie hingegen kontrollieren *können* – ob beim Pokerspielen, im Arbeitsleben oder in anderen Lebensbereichen –, ist der Prozess.

Diese Erkenntnis läuft darauf hinaus, dass Sie eine Haltung einnehmen müssen, bei der Sie sich dem Prozess widmen. Wenn Sie das Beste getan haben, was Sie konnten, dann können Sie in Frieden sterben, in dem Wissen, dass Sie Ihren Beitrag geleistet haben. Vielleicht hat dieser Beitrag große Auswirkungen gehabt, oder auch nicht. Das Wichtige ist, dass Sie ihn geleistet haben – Sie haben gehandelt und sich für etwas eingesetzt.

»Streben Sie nicht nach Erfolg«, sagt Viktor Frankl, denn »je mehr Sie danach streben und ihn zum Ziel machen, desto eher verfehlen Sie ihn. Denn Erfolg kann, genau wie Glück, nicht erstrebt werden; er muss sich ergeben, und das tut er nur in Form einer unbeabsichtigten Nebenwirkung, wenn man sich einer Sache verschreibt, die größer ist als man selbst.«[176]

Als mein Großvater im Zweiten Weltkrieg in der finnischen Armee diente, war Risto Ryti widerwillig Präsident von Finnland geworden.[177] Als 1939 der Krieg ausbrach, meinte der damalige Präsident Kyösti Kallio, das Land benötige einen Ministerpräsidenten, der einen kühlen Kopf bewahren würde. Doch Ryti lehnte dieses Amt zunächst ab, Kallio konnte ihn aber letztlich überzeugen, seine Pflicht zu erfüllen. Als Kallio selbst dann plötzlich krank wurde und im Dezember 1940 verstarb, wurde Ryti zum Präsidenten ernannt und seine Mission war, Finnland in den Krieg zu führen. Somit musste er viele Entscheidungen treffen, bei denen es um Leben oder Tod ging und um Schnelligkeit, denn das Schicksal einer ganzen Nation hing davon ab. Eine Fehlentscheidung hätte die Leben tausender Männer, ja sogar die Unabhängigkeit des Landes kosten können.

Im September 1944 einigten sich Finnland und die Sowjetunion auf einen Waffenstillstand. Finnland musste einiges einbüßen, verlor Gebiete, aber blieb ein unabhängiges Land. Die Menschen in Finnland sprachen sarkastisch davon, dass die Sowjetunion den Krieg gewonnen, aber Finnland den zweiten Platz erreicht habe. Nach dem Krieg zwang die Sowjetunion Finnland dazu, Ryti und andere Politiker, die während des Krieges im Amt waren, vor Gericht zu stellen, weil sie Finnland in den Krieg gegen die Sowjetunion haben ziehen lassen, und Ryti wurde zu einer Gefängnisstrafe verurteilt. In seinem Plädoyer sagte er:

»Ich habe ein reines Gewissen. Ich habe stets danach gestrebt, meinem Land voller Selbstlosigkeit zu dienen, und das nach bestem Wissen und Gewissen. Ich hoffe, dies in welcher Form auch immer in Zukunft weiterhin tun zu können. Im Dienst für das Vaterland zählt nicht der Ort, sondern der Wille. Das kann genauso gut im Gefängnis wie im Schloss des Präsidenten sein.«[178]

Welche Position Sie innehaben, liegt nicht in Ihren Händen – als Präsident oder Präsidentin hat man mehr Mittel und Möglichkeiten als in Gefangenschaft. Was Sie jedoch kontrollieren können, ist das, was Sie mit den Dingen machen, die Ihnen zur Verfügung stehen. Eine Aufgabe zeichnet sich durch Taten aus, nicht durch Ergebnisse.

Ihre Aufgabe: Legen Sie los!

Gioconda Belli war ein junges Mädchen aus der Oberschicht im Nicaragua der 1970er-Jahre. Sie lebte das privilegierte Leben einer Tochter aus einer wohlhabenden Familie. Der Diktator Anastasio Somoza Debayle regierte das Land, und als die Unterdrückung immer schlimmer wurde, schloss Belli sich dem Widerstand der Sandinisten an, welche die Regierung stürzen wollten. In diesem Kampf für die Freiheit ihres Volkes fand sie eine Aufgabe, eine Art Bestimmung, eine Mission, die sie sich zuvor als bürgerliche Tochter niemals hätte vorstellen können: **»Waren wir alle verrückt? Welches geheimnisvolle, menschliche Gen sorgte dafür, dass Männer sowie Frauen ihren eigenen Überlebensinstinkt aufgaben, wenn das Schicksal ihres Stammes oder ihrer Gemeinschaft auf dem Spiel stand? Was brachte Menschen dazu, ihr Leben für eine Idee, für die Freiheit anderer zu opfern? Warum war dieser heroische Impuls so stark? Mich erstaunte und beeindruckte, dass Hingabe zu wahrem Glück und Erfüllung führte. Das Leben erhielt einen eindeutigen Sinn, einen Zweck, eine Richtung. Ein Gefühl der totalen Verbundenheit stellte sich ein, eine instinktive, emotionale Bindung mit hunderten anonymer Gesichter, eine Vertrautheit mit der Masse, in der jedes Gefühl von Einsamkeit oder Ausgrenzung einfach verpuffte. Während man für das Glück aller Menschen kämpfte, fand man zunächst sein eigenes Glück.«**[179]

Sie haben sich vielleicht nicht so heftig in eine Aufgabe gestürzt wie jemand, der um sein Leben und das der Menschen, die er liebt, kämpfen muss. Aber die Welt um Sie herum ist nicht abgeschlossen. Wenn Sie sich umsehen, werden Sie viele gute Zwecke entdecken, für die Sie sich engagieren können, viele gute Taten, die Sie imstande sind zu leisten. Ob klein oder groß, banal oder bedeutend, es gibt immer etwas, das Sie tun können. Also legen Sie los und tun Sie es. Warum? Weil es Ihr Leben bereichert, wenn Sie Ziele haben, für die Sie kämpfen, weil es Ihnen eine klare Richtung vorgibt und Ihnen mehr Energie schenkt.

Ein Lied, das ich gern höre, wenn ich etwas Aufheiterung brauche, ist *Land of Confusion* von Genesis. Der Refrain fasst die Sinnsuche des Lebens zusammen und erklärt, dass wir in dieser Welt und keiner anderen leben und dass uns Hände geschenkt wurden. Unsere Aufgabe ist es lediglich, diese zu benutzen und zu versuchen, diese Welt zu einer »lebenswerten« zu machen. »And these are the hands we‘re given. Use them and let‘s start trying. To make it a place worth living in.« Überlassen wir Carlyle die abschließenden Worte dieses Kapitels: »Auf, auf! Was auch immer Ihre Hände zu tun finden, tun Sie es mit all Ihrer Kraft.«[180]

SCHLUSSBEMERKUNG

Die hohe Kunst, nicht zu sehr involviert zu sein, aber sich zugleich stark einzubringen

An einem nebeligen Abend in Oslo, am 28. Februar 1982, sollte die Weltmeisterschaft im Skispringen beginnen. Bei diesem Wintersport geht es darum, mit 100 Stundenkilometern eine Rampe herunterzurasen, an deren Ende abzuspringen und etwa hundert Meter durch die Luft zu schweben, bevor man – möglichst ohne das Gleichgewicht zu verlieren – auf beiden Skiern wieder am Boden landet. Schon an Tagen mit guter Sicht verlangt es den Springern viel Mut ab, doch an diesem besagten Tag im Februar war es so nebelig, dass man von oben auf der Schanze nicht mal den Boden sehen konnte. Man sprang quasi in weiße Leere und hatte nur wenige Sekunden, um zu reagieren, sobald man den Grund erblickte. Fachleute erklärten im Nachhinein, dass der ganze Wettkampf aufgrund der schlechten Witterung hätte verschoben werden müssen. Viele der Topsportler scheiterten, doch der achtzehnjährige finnische Skispringer Matti Nykänen zitterte kein bisschen. Im ersten Versuch sprang er 108,5 Meter weit und erklärte den Reportern, dass es sich angefühlt habe »wie mit einem Sack auf dem Kopf von einem Dach zu springen, ohne irgendetwas zu sehen«, und im zweiten Durchgang war er der einzige Skispringer, der weiter als 100 Meter sprang, wodurch er sich seinen ersten Titel als Weltmeister holte.[181]

Matti Nykänen gewann vier Mal olympisches Gold und wurde fünf Mal Weltmeister im Skispringen – er ist einer der finnischen Spitzensportler der 1980er-Jahre. Als ich fünf Jahre alt war, wollte ich Skispringer werden, weil damals alle Skispringen schauten und darüber sprachen. Matti Nykänens Leben nach diesen Erfolgen war allerdings schwieriger: Zahlreiche Skandale, bei denen Alkohol eine Rolle spielte – Entgleisungen und Gewaltakte –, von denen die Boulevardpresse nur zu gern berichtete. Irgendwann musste er sogar seine Goldmedaillen versteigern, um seine Schulden bezahlen zu können. Das Leben dieses tragischen Helden und seine diversen Affären (sowie fünf Ehen) fanden auf den Titelseiten der finnischen Zeitungen statt, bis er schließlich 2019 im Alter von 55 Jahren starb.

Außerhalb der Schanze war Nykänen weder ein Held noch ein Vorbild oder ein Mensch, dessen Ratschläge man sich zu Herzen nehmen sollte. Er machte einen Haufen Fehler und beging mehrere unverzeihliche Verbrechen. Doch gleichzeitig hinterließ dieser Mann, der nie ein besonders guter Schüler war, Redewendungen, die sich die Menschen in Finnland zu Herzen genommen haben, wie etwa *jokainen tsäänssi on mahdollisuus* (»Jede Gelegenheit ist eine neue Chance«) und *elämä on ihmisen parasta aikaa* (»Das Leben ist die beste Zeit für uns Menschen«). Bei beiden handelt es sich um simple Wahrheiten, doch in ihrer Einfachheit erinnern sie uns daran, dass das Leben, ganz egal, wie es aussieht, tatsächlich die beste Zeit ist, die uns Menschen zur Verfügung steht – und die einzige Zeit, in der wir die Chancen ergreifen können, die sich uns bieten.

In jenem mutigen und doch schüchternen Jungen, der Alkohol brauchte, um mit anderen in Kontakt zu treten, versteckte sich etwas sehr Weises, eine tragisch-optimistische Einstellung, die das Leben – aller Widrigkeiten zum Trotz – bejaht. Es geht nicht darum, was wir im Leben haben oder wie gut das Leben es mit uns meint. Es geht darum, das Leben anzunehmen mit all seinen Farben, es voll auszukosten und zu akzeptieren, dass, egal, was auf uns zukommt, es das beste Leben ist, das wir kriegen können. Denn letzten Endes ist es das einzige Leben, das wir kriegen, also lernen wir lieber schnell, es zu akzeptieren!

Ihr Leben ist das Beste, was Ihnen je passiert ist – aber auch das Schlimmste. Es ist ein Geschenk, das Sie weder umtauschen noch erstattet bekommen können. Tun Sie damit also, was Sie wollen. Bedauern Sie nichts. Wenn Sie in der Lage sind, Ihr Leben mit einer bejahenden, akzeptierenden Einstellung zu leben, dann werden Sie Zufriedenheit empfinden, ganz egal, wie sich die äußeren Umstände darstellen.

Möchten Sie die richtige Einstellung zum Leben aufrechterhalten und pflegen, dann müssen Sie die Gegenwart bedingungslos annehmen, so wie sie ist. Zudem sollten Sie gleichzeitig eine bessere Zukunft für sich selbst und für uns alle anstreben, und das mittels dynamischer Zufriedenheit. Wie verbinden Sie Zufriedenheit mit jenem dynamischen Streben? Um das zu erreichen, müssen Sie zunächst wissen, was es mit *kilvoittelu* auf sich hat.

Vom Wettkampf zum spielerischen Streben: *kilpailu* und *kilvoittelu*

Die finnische Sprache macht einen subtilen Unterschied zwischen *kilpailu* und *kilvoittelu*. Während Ersteres so viel bedeutet wie »Wettkampf«, mangelt es für Letzteres an einer direkten Übersetzung; es bezeichnet so etwas wie das spielerische Wetteifern, so wie Kinder, die Schnitzeljagd spielen.

Kilpailu ist eine Haltung, die viele Menschen in ihrem Leben einnehmen und auch an ihre Kinder weitergeben. Das Leben ist ein Wettkampf, und deine Aufgabe ist es, aus der Masse hervorzutreten und an die Spitze zu gelangen. Sei besser als die anderen in der Schule, im Berufsleben, bei Hobbys und bei der Partnersuche. Gib dich nicht so einfach zufrieden. Strebe stets nach mehr. Höher, größer, weiter.

Für Menschen, die in diesem Wettstreit feststecken, wird das Leben zu einem einzigen großen Projekt. Es gibt bestimmte Ziele, die sie erreichen müssen. Unbewusst hat sich ihr Leben in ein Instrument verwandelt, in das »Projekt ICH«. Der Philosoph Thomas Nagel drückt es so aus: Wir »haben die unheilbare Neigung, uns ernst zu nehmen.«[182] Unser Leben wird von Plänen, Projekten und Zielen bestimmt. Konzentrieren wir uns zu sehr auf die nächsten Schritte unseres Plans und nehmen deshalb die schönen Seiten des Lebens nicht wahr, dann werden wir zu leeren Gefäßen, die nur noch funktionieren, um jene Ziele zu erreichen.

Diese projektbezogene Art zu leben führt dazu, dass Fortschritt unser Wertgefühl im Leben bestimmt. Kein Fortschritt, kein wertvolles Leben. Scheitern wir an unseren Projekten, dann verringert sich sofort unser Selbstbewusstsein und unser Selbstwertgefühl. Im Grunde koppeln wir unseren eigenen Wert an die Ziele, die wir anstreben – und im schlimmsten Fall haben wir diese Ziele nicht einmal selbst bestimmt.

Nichtsdestotrotz sagt Nagel zwar, dass »wir« diese »unheilbare Neigung« haben, unser Leben in ein Projekt zu verwandeln, aber wir müssen gut aufpassen, wer dieses »wir« ist. In meinen Augen findet sich diese Haltung verstärkt bei gebildeten, in Städten lebenden Menschen in westlichen Ländern. Weltweit wächst die Monokultur an strebsamen Young Professionals, welche dieselben HBO-Serien schauen, dieselben Musikbands hören und auf Anhieb Empfehlungen für die besten Sushi- und Ramen-Restaurants in der Stadt geben können. Trotz oberflächlicher Unterschiede in ihren Vorlieben und Karriereentscheidungen scheinen sie sich doch alle in eine enge, projektbezogene Form zwängen zu wollen, um der Armee leerer, erfolgsorientierter Klone beitreten zu können. Die großen Städte unserer Welt sind zu einer Kultur verschmolzen, in der alle ihr Leben als ein ernsthaftes Projekt begreifen und versuchen, ihre Leistung mithilfe der neuesten Tricks zu erhöhen.

Um aus dieser Blase auszubrechen, müssen wir häufig aus den großen Metropolen fliehen. Als ich kleine Bergdörfer in Nicaragua besuchte, die Dörfer in Myanmar, die nicht von der Regierung kontrolliert wurden, oder die Jurten in der Mongolei, begegnete ich Menschen, die mit dem zufrieden sind, was sie haben. Sie streben nicht verzweifelt nach einem Ziel, weil sie schon dort sind, wo sie sein wollen. Ich erinnere mich an ein Gespräch, das ich vor Jahren mit einem Mann in Runni, einem kleinen Dorf mitten in Finnland, nach Mitternacht führte. Er war Anfang zwanzig, und die meisten seiner Freunde hatten Runni verlassen, um in größere Orte und Städte zu ziehen, denn in Runni selbst gab es keine Universität und kaum Arbeitsplätze. Er hatte ebenfalls darüber nachgedacht, das Dorf zu verlassen, meinte aber, »wenn der Herbst kommt, ist Runni einfach so wunderschön.«

Während Finnland und andere nordische Länder die Rankings der glücklichsten Länder anführen, hat sich eine neuere Studie auf die Dörfer konzentriert und untersucht, wie zufrieden die Menschen in neunzehn indigenen Gemeinschaften auf der ganzen Welt sind.[183] Einige dieser Gruppen, wie Bauernfamilien im westlichen Hochland Guatemalas oder Tibeter:innen im chinesischen Shangri-La, sind im Schnitt ebenso glücklich mit ihrem Leben wie die Menschen in Finnland oder sogar noch glücklicher, und das obwohl sie, rein wirtschaftlich betrachtet, in »extremer Armut« leben. Ich setze dies bewusst in Anführungszeichen, denn das Einkommensniveau dieser Gruppen entspricht zwar diesem Label, doch viele von ihnen leben ein reiches Leben, da sie Zugang zu starken Gemeinschaften und qualitativ hochwertigen, lokalen Nahrungsmitteln haben, während sie sehr naturverbunden leben – etwas, von dem viele Menschen mit hohem Einkommen in der westlichen Welt nur träumen können. Selbst in Finnland wurde ich jenseits der Hauptstadt häufig von Menschen mit offenen Armen, die keineswegs in Eile oder gestresst sind, begrüßt. Während es in den Städten scheint, als wären alle verzweifelt auf der Suche nach etwas, ist es so erfrischend, in ländlicheren Gegenden Menschen anzutreffen, die zufrieden mit dem zu sein scheinen, was sie haben.

Wettbewerb oder Zufriedenheit? Häufig gibt es nur diese zwei Optionen. Entweder konkurriert man permanent mit anderen oder man ist so zufrieden, dass man nach nichts mehr strebt und passiv dort steckenbleibt, wo man sich gerade befindet. All jene Menschen, die sich dem wetteifernden Lebensstil verschrieben haben, glauben, man würde sofort ins passive Nichtstun abdriften, wenn man den Wettstreitgedanken ablegt.

Doch das Entscheidende ist: Wettbewerb und Passivität sind nicht die einzigen Optionen. Es gibt auch *kilvoittelu*, die Kunst des spielerischen Wetteiferns. Kinder spielen zum Beispiel Fangen, und im Moment des Spielens stecken sie all ihre Energie in diese Art des Wettkampfs. Ist das Spiel jedoch aus, vergessen sie mögliche Gewinne oder Verluste sofort wieder. Sie steckten voller Energie, waren begeistert und aufgeregt – doch sie haben das Ganze nicht zu ernst genommen.

Genauso sollten Sie Ihr Leben angehen. Seien Sie nicht passiv, geben Sie sich nicht damit zufrieden, was Sie jetzt haben. Aber messen Sie sich auch nicht. Stattdessen: *kilvoittelu* – wetteifern Sie auf spielerische Weise und genießen Sie es, ohne es zu ernst zu nehmen. Sie werden genauso viel erreichen wie Ihre Konkurrenz, aber weniger mit den Zähnen knirschen.

Ein gesundes Gleichgewicht zwischen Zufriedenheit und spielerischem Wetteifern für eine bessere Welt – genau das ist der Punkt, den wir finden müssen, um andere Haltungen gegenüber unserem Leben einzunehmen. Ein kluger Student unserer Universität, Eemil Ranrala, hielt erst kürzlich einen Vortrag über den Druck, mit dem heutzutage junge Menschen fertig werden müssen, um das »Projekt Ich« zu optimieren. Er erklärte, dass es eine gute Idee ist, Ziele und Projekte im Leben zu haben, man diese jedoch nicht zu ernst nehmen sollte, da vieles im Leben unabhängig von irgendwelchen Masterplänen passiert. Der Stoiker Epikur erklärte diese Ausgewogenheit wie folgt: »Verdirb nicht, was du hast, indem du begehrst, was du nicht hast. Denke daran, dass das, was du jetzt hast, einst zu den Dingen gehörte, auf die du nur gehofft hast.«[184] Empfinden Sie Glück angesichts dessen, was Sie bereits haben, während Sie Begeisterung spüren angesichts dessen, wonach Sie streben.

Ein weiterer olympischer Held aus meiner Kindheit ist Tapio Korjus, der 1988 Gold im Speerwerfen gewann. Ich war sieben Jahre alt, und nach langem Verhandeln mit meinen Eltern durfte ich schließlich so lange wach bleiben, um den Wettbewerb im Fernsehen zu schauen, was weit nach Mitternacht war, da die Olympischen Spiele damals in Seoul, Südkorea, stattfanden. Noch immer erinnere ich mich an seinen entscheidenden Wurf in der letzten Runde, daran, wie das Speerende in der Luft wackelte und wie der Kommentator ganz aufgeregt rief: »Der fliegt weit, das ist die Goldmedaille!« Später, als Trainer, sagte Tapio Korjus zu der nächsten Generation von Athlet:innen: »Athletinnen und Athleten sollten niemals zufrieden sein, aber sie können sehr wohl immer glücklich sein.«[185] Geben Sie sich nicht damit zufrieden, was Sie haben, sondern streben Sie nach mehr. Doch seien Sie gleichzeitig auch glücklich mit dem, was Sie bereits haben. Ville Juurikkala erklärt, man solle, wenn man sich im Wasser befindet, nicht gegen die Wellen ankämpfen, da dies nicht helfe, aber sich auch nicht passiv von den Wellen davontragen lassen. Stattdessen hört »ein Surfer auf den Flow des Lebens und folgt den Wellen, während er allerdings gleichzeitig mit seinen eigenen Entscheidungen seinen eigenen Kurs im Leben anpeilt.«[186]

Es gibt kein Siegerpodium am Ende des Lebens für den Menschen, der am schnellsten, reichsten oder erfolgreichsten ist. Wir alle scheiden mit leeren Händen aus dem Leben. Nehmen Sie sich also unbedingt Projekte vor. Nehmen Sie diese ernst und bemühen Sie sich – aber lachen Sie auch über sich selbst und Ihre vergeblichen Versuche auf diesem winzigen Planeten. Oder ganz einfach ausgedrückt: Bei *kilvoittelu* geht es darum, nicht zu ehrgeizig zu sein und sich gleichzeitig intensiv zu bemühen. *Kilvoittelu* ist die Kunst, zwei scheinbar gegensätzliche Einstellungen zum Leben gleichzeitig zu verinnerlichen: sich für Chancen zu begeistern, sich Projekten zu widmen und voller Energie die Ziele zu verfolgen, die man sich gesetzt hat, aber dabei nicht zu vergessen, dass ganz egal, wohin diese Projekte uns tragen, wir bereits angekommen sind. »Niedlichsein schlägt Effizienz«, sagt mein Zehnjähriger zu mir, wenn ich ihn erwische, wie er unsere Katze streichelt, obwohl er eigentlich seine Zähne putzen *sollte* – was irgendwie frustrierend ist, wenn man versucht, ihn um 7.30 Uhr zur Schule zu bringen. Da diese Aussage aber unheimlich weise für sein Alter ist, kann ich kaum etwas darauf erwidern. Sie erinnert uns nämlich daran, dass unser Leben im Hier und Jetzt stattfindet, und nicht in der Zukunft, und im Hier und Jetzt sollten wir zufrieden mit dem sein, was wir haben, das Leben, ganz egal, was es uns anbietet, so nehmen, wie es ist.

Strengen Sie sich an und wagen Sie Großes

Dieses Buch wird nicht Ihr Leben verändern. Aber Sie können Ihr Leben mit diesem Buch verändern. Lebensphilosophie ist letzten Endes eine Frage der Übung, keine reine Theorie. Wenn ich Ihnen beibringen möchte, wie Sie Ihr Leben angehen sollen, dann ist das so, als würde ich Ihnen Schwimmen oder Tangotanzen beibringen. Mit Worten kann ich die richtigen Bewegungen erklären, doch das eigentliche Lernen beginnt, wenn Sie ins Wasser oder auf die Tanzfläche springen. Es beginnt, wenn Sie die Einblicke dieses Buches in Taten umsetzen – dann beginnen Sie, Ihr Leben zu verändern.

In diesem Buch habe ich Ihnen in meinen Augen sinnvolle Möglichkeiten vorgestellt, Ihr Leben anzugehen und zu leben. Einige der Ratschläge mögen Ihnen hilfreich vorkommen, andere nicht. In jedem Fall werden diese Ideen nur Auswirkungen auf Ihr Leben haben, wenn Sie sie auch umsetzen.

Außerdem ist es wichtig, sich klarzumachen, dass neue Denkweisen nicht beim ersten Mal hängenbleiben. Selbst wenn Sie sich fest vornehmen, auf eine bestimmte Art und Weise zu reagieren, wenn Sie mit schwierigen Situationen oder Emotionen zu tun haben, werden Sie schnell merken, dass Sie anders, weniger hilfreich reagieren. Wenn das passiert, machen Sie sich nicht verrückt. Das ist vollkommen normal – niemand ist perfekt. Stattdessen sollten Sie froh sein, dass Sie Ihren Fauxpas bemerkt haben, denn das zeigt, dass Sie sich auf dem richtigen Weg befinden und sich Ihrer Reaktionen bewusst sind. Das allein ist schon ein Fortschritt. Akzeptieren Sie Ihre Reaktion und arbeiten Sie weiter an sich. Mit ausreichend Wiederholungen wird die neue Art zu reagieren zur Gewohnheit.

Am wichtigsten ist: Trauen Sie sich, die Arena des Lebens zu betreten und Ihre eigenen Spuren zu hinterlassen. Haben Sie keine Angst vor Misserfolgen, denn die einzige Möglichkeit, diese zu vermeiden, ist, es nie zu versuchen. Es gibt einen berühmten Absatz aus einer Rede des US-Präsidenten Theodore Roosevelt, die er in Paris am 23. April 1910 gehalten hat: **»Es ist nicht der Kritiker, der zählt; nicht der Mann, der auf den Starken zeigt, der stolpert, oder auf die Stelle, an der jemand, der Taten vollbringt, sie hätte besser machen können. Die Wertschätzung gehört jenem Mann, der tatsächlich in der Arena steht, dessen Gesicht verschmiert ist von Staub, Schweiß und Blut; derjenige, der mutig strebt, der irrt, der wieder und wieder scheitert, denn Fehler und Scheitern gehören zu den Anstrengungen dazu; derjenige, der wirklich danach strebt, Taten zu vollbringen, der voller Begeisterung, voller Hingabe ist, der sich für eine Sache, die es wert ist, vollkommen verausgabt; derjenige, der im besten Fall am Ende den Triumph einer großen Leistung erfährt oder im schlimmsten Fall, wenn er scheitert, zumindest scheitert, weil er etwas Großes gewagt hat, sodass sein Platz niemals bei jenen kalten, ängstlichen Seelen sein darf, die weder Sieg noch Niederlage kennen.«**[187]

Dieser Passus hat viele Menschen inspiriert. Nelson Mandela gab ihn an Francois Pienaar weiter, den Kapitän des südafrikanischen Rugby-Teams, vor der Weltmeisterschaft 1995. Brené Browns Bestseller

Daring Greatly (Deutsch: *Großes wagen*) entlehnte den Titel aus Roosevelts Rede. NBA-Legende LeBron James hat »man in the arena« vor vielen Spielen auf seine Schuhe geschrieben. Für Tom Brady, den erfolgreichsten NFL-Quarterback aller Zeiten, ist das Zitat seit seinem ersten Jahr am College eine Quelle der Inspiration, denn es stand damals, 1995, auf der Wand des Trainingsraums. Für Brady ist es »eine ständige Mahnung, den Lärm auszublenden, den Kinnriemen meines Helms zu schließen und mich durchzukämpfen.«[188]

Denken Sie daran: Es gibt eine Arena, die nur Sie betreten können – nämlich Ihr Leben. Niemand anderes kann die Entscheidungen treffen und die Anstrengungen und Mühen hineinstecken. Ihr eigenes Leben in die Hand zu nehmen, verlangt Mut. Oft ist es einfacher, bloß mit dem Strom mitzuschwimmen, sich an die Dinge zu halten, die von Ihnen erwartet werden. Wenn Sie sich trauen, Ihr eigenes Ding durchzuziehen, dann setzen Sie sich der Möglichkeit zu scheitern aus. Wenn Sie ein Ziel verfolgen, das Ihnen sehr am Herzen liegt, dann tut Scheitern umso mehr weh. Vielleicht erreichen Sie nicht das, was Sie ursprünglich erreichen wollten. Roosevelts bedeutende Worte erinnern uns daran, dass der Eintritt in die Arena eines selbstgewählten Lebens Staub, Schweiß und Blut mit sich bringt. Ebenso Rückschläge und Schwierigkeiten. Doch alle Lebensarten bringen diese Dinge mit sich. Wenn Sie also die richtige Richtung für sich selbst gefunden haben, dann trauen Sie sich auch, in diese zu gehen. Vielleicht haben Sie Erfolg, vielleicht scheitern Sie. Aber selbst wenn, dann scheitern Sie, weil Sie *etwas Großes gewagt* haben. Das allein rechtfertigt den Versuch. Der populäre finnische Dichter Tommy Tabermann drückt das so aus: »Diejenigen, die den direkten Weg nehmen, kommen mit leeren Händen an. Diejenigen, die alle Trampelpfade ausprobieren, kommen mit strahlenden Augen, aufgeschürften Knien und sonderbaren Beeren in ihren dünnen Taschen an. So sieht es aus, mein Freund, so sieht es aus. Wer sich nicht verläuft, wird niemals seinen Weg finden.«[189]

Das Wunder des Lebens sind Sie

Manchmal, wenn ich durch die Straßen einer Stadt laufe, die ich nur selten besuche, etwa Santiago de Chile, werde ich nostalgisch und schaue mir kurz jeden einzelnen Menschen an, der meinen Weg kreuzt, und versuche mir vorzustellen, wie das Leben dieses Menschen aussieht. Jeder und jede einzelne hat eine einzigartige Geschichte. Jeder Mensch hatte eine Mutter und einen Vater, auch wenn manche ihre Eltern womöglich gar nicht kennengelernt haben. Jeder dieser Menschen wuchs in einer bestimmten Gegend auf, mit Geschwistern, Freunden und Freundinnen, die ebenfalls heranwuchsen. Jeder hat eine einzigartige Gruppe von favorisierten Menschen in seiner engen Umgebung, mit denen er bzw. sie Dinge erlebt hat, die sonst niemand erlebt hat. Jeder Mensch kann sowohl tragische als auch lustige Geschichten aus seinem Leben erzählen. Und wenn der Mensch stirbt, sind die meisten dieser Geschichten für immer vergessen. So viele Geschichten, so viele einzigartige Lebenswege, die mir auf einem kurzen Stadtspaziergang begegnen.[190] Dann fallen mir all die Millionen anderer Einwohner:innen der Stadt oder des gesamten Landes ein, und mir wird schwindelig. Es gibt so viele einzigartige, schöne Leben, die in diesem Augenblick gelebt werden – und jedes einzelne verdient, dass jemand ein Lied oder Buch darüber schreibt.

Dass Sie auf dieser Welt sind, ist ein Wunder. Sie haben einen einzigartigen Blick auf das Leben. Niemand sonst hat die Dinge erlebt, die Sie erlebt haben. Niemand sonst könnte die Geschichte erzählen, die Sie erzählen. Niemand sonst spürt die Schmerzen, die Sie spüren. Aber dafür trägt auch niemand sonst jene tiefempfundenen Erinnerungen im Herzen, die Sie zum Lachen bringen. Es ist ein Wunder, dass das Universum existiert. Was wäre, wenn es in einem Augenblick anders gekommen wäre? Was, wenn Ihr Großvater nicht zu dem Konzert gegangen wäre, wo er Ihre Großmutter kennengelernt hat? Was, wenn

Ihre Urgroßeltern gestorben wären, bevor sie Nachwuchs bekommen konnten? Die Tatsache, dass Sie Ihr einzigartiges Leben leben dürfen, ist selbst schon ein Wunder. Machen Sie das Beste aus dieser einzigartigen Chance und kosten Sie sie voll aus. Solange wie Sie leben, ist diese Welt um einen einzigartigen Standpunkt reicher. Und Sie sind der Ich-Erzähler beziehungsweise die Ich-Erzählerin in dieser Welt.

Hier stehen Sie nun. Sie sind über viele Wege hierhingekommen; die Jahre, die hinter Ihnen liegen, waren hart oder einfach. So oder so: Sie stehen nun hier. In genau diesem Augenblick, und sind am Leben. Von diesem Augenblick an entfaltet sich der Rest Ihres Lebens.

Im Grunde gibt es nichts, was Sie tun müssen. Nichts, was Sie sein müssen. Sondern leben Sie einfach. Es gibt keine richtige Lebensart, keine Standards, die Sie übertreffen, keine Erwartungen, die Sie erfüllen müssen. Angesichts unserer psychologischen Anlagen sitzen solche Erwartungen tief, und es kann extreme Anstrengungen erfordern, sich von diesen zu befreien. Versuchen Sie dennoch, sich von solchen tiefsitzenden, letzten Endes unnützen Erwartungen freizumachen. Lernen Sie, das Leben so anzunehmen, wie es ist, und genießen Sie es, solange Sie können. Sie bekommen keine zweite Chance.

»Wenn ich nüchtern war, habe ich nachgedacht und kam zu dem Schluss, dass im Leben nur zwei Dinge wichtig sind: Licht und Bewegung.« Dieses Zitat stammt von Jasu, einem finnischen Obdachlosen. Das Leben ist eine recht einfache Sache. Es gibt die Vergangenheit, die Zukunft und das Jetzt. Die Vergangenheit kann man nicht ändern, die Zukunft ist noch nicht geschrieben. Der einzige Augenblick, in dem Ihr Leben stattfindet, ist in der Gegenwart. Warum genießen Sie also nicht einfach das Hier und Jetzt mit all seinen kleinen, bedeutungsvollen Momenten, die es zu bieten hat?

Die Vergangenheit akzeptieren. Die Zukunft verbessern. Die Gegenwart genießen. Mehr brauchen wir nicht zu wissen, um ein glückliches Leben zu leben. Doch möchte man diese entspannte und zugleich dynamische Lebensart erreichen, dann muss man verschiedene schädliche Haltungen ablegen, die dieser Lebensart im Weg stehen.

Manche sind genetisch, andere kulturell in unsere Psyche einprogrammiert. Sie sagen Ihnen, dass Sie sich auf Ihr eigenes Glück konzentrieren sollen, die Erwartungen anderer erfüllen sollen, dass Ihr Erfolg den Wertgehalt Ihres Lebens bestimmt, und dass Sie sich um Dinge sorgen sollen, die Sie nicht kontrollieren können. All diese Dinge wieder zu verlernen, gelingt nur, wenn Sie sich dieser, meist unbewussten Haltungen bewusst sind, die Ihr Leben steuern. Und das ist verdammt anstrengend. Mein Ziel war es, Ihnen ein paar Wegweiser anzubieten, die Ihnen helfen, den richtigen Weg zu gehen. Aber letzten Endes müssen Sie die Zeit und Mühe investieren, um diesen Wegweisern zu folgen.

Nehmen Sie das Leben nicht zu ernst. Es gibt keine falsche Lebensart, also machen Sie einfach das Beste aus dem Weg, den Sie gehen. Lernen Sie, über sich selbst zu lachen. Lernen Sie, über Ihre Fehler und Erfolge zu lachen. Kosmisch gesehen sind beide gleichermaßen unbedeutend.

Nehmen Sie das Leben nicht zu leicht. Denn das hier ist Ihre einzige Chance, ein Zeichen zu setzen und das zu erleben, was Sie erleben möchten – und genießen Sie es. Genießen Sie Ihr Leben. Freuen Sie sich über all das, was schiefgeht und sich Ihnen in den Weg stellt. Räumen Sie diese Dinge beiseite und setzen Sie Ihre Reise fort. Ihr Leben ist nicht das bestmögliche Leben. Aber es ist auch nicht das schlechtestmögliche. Es ist Ihr Leben. Machen Sie es zu Ihrem eigenen.

DANKSAGUNG

Ein Buch zum Thema »Glücklich leben« zu schreiben, ist ein Lebensprojekt. Während ich dieses Buch schrieb, habe ich mich nicht nur an dem Material bedient, das ich speziell für dieses Buch gelesen hatte, oder an der Forschung, die zu den einzelnen angesprochenen Themen veröffentlicht wurde, sondern dieses Buch ist vielmehr eine Zusammenfassung meiner gesamten Lebenserfahrung: Einblicke und Erkenntnisse, die ich als Wissenschaftler und Philosoph gewonnen habe, aber auch im alltäglichen Leben.

Somit sind der Inhalt des Buches und die diversen Erkenntnisse von allen Menschen geprägt, die mir in den verschiedenen Phasen meines Lebens nahestanden – meine Eltern, meine Geschwister, mein Freundeskreis, Lehrer:innen und Kolleg:innen, aber auch andere Begegnungen spielten eine Rolle, wie etwa ein kurzes Zusammentreffen mit einem Menschen, das meinen Blick auf die Welt verändert oder erweitert hat. In meinem vorangegangenen Buch habe ich mich bei vielen der besonderen Menschen bedankt, die eine entscheidende Rolle in meinem Leben gespielt haben, und dieses Mal möchte ich all jenen danken, die eine besondere Rolle beim Verfassen dieses Buches gespielt haben.

Zunächst möchte ich meiner Lektorin Erika Koljonen vom Verlag Allen & Unwin dafür danken, dass sie an dieses Projekt geglaubt hat, sowie für ihre Unterstützung und die vielen hilfreichen Kommentare während der Arbeit an diesem Buch. Danke ebenfalls an Julia Kellaway für das Lektorieren des Manuskriptes in der letzten Phase, sodass meine Botschaft nun besser und klarer übermittelt wird. Ein großer Dank geht auch an meine finnische Lektorin Roosa Pohjalainen für ihre Flexibilität, Unterstützung und aufbauenden Kommentare. Abschließend möchte ich noch meiner Agentin Elina Ahlbäck und ihrem Team danken, für ihre Unterstützung, ihre Hingabe und dafür, dass sie es geschafft haben, in verschiedenen Sprachen Verlage für dieses Buch zu finden, angefangen mit Englisch und Finnisch.

Außerdem danke ich den Teilnehmenden meines Kurses *Art of Living* an der Aalto-Universität (wo viel Material dieses Buches vorgestellt wurde) für ihre Fragen, Kommentare und Essays, die zu zahlreichen gedanklichen Herausforderungen führten, wodurch ich wiederum meine Denkweisen in Bezug auf die zentralen Themen in diesem Buch weiterentwickelt habe. Mein Dank gilt Esa Saarinen und Richard Ryan, die mein Denken ebenfalls entscheidend geprägt haben, was sich an diversen Stellen in diesem Buch niederschlägt. Darüber hinaus danke ich den Menschen, die netterweise bereit waren, einen ersten Entwurf des Manuskripts zu lesen und zu kommentieren: Miia Paakkanen, Harri-Pekka Pietikäinen, Lauri Järvilehto und Rimo Tiuraniemi – Danke für all die hilfreichen Bemerkungen, die zum Abschluss des Buches beigetragen haben!

Und schließlich möchte ich meiner Familie danken: Piret, Vikkeri, Roki und Tormi – und dem Neuzugang Minttu (unser Kätzchen). Mit dem Vatersein erhielt ich einen vollkommen neuen Blickwinkel auf das Leben, und mein Intersein vertiefte sich, also danke ich dir Piret für dieses Geschenk, zu sein, und ich danke euch, Vikkeri, Roki und Tormi, dafür, dass ich euer Vater sein darf. Ihr sorgt nicht nur dafür, dass ich das Leben aus einer neuen Perspektive begreife, sondern erinnert mich auch daran, dass es jenseits des wissenschaftlichen Untersuchens des Lebens noch ein echtes Leben gibt, das gelebt und genossen werden muss. Danke, dass es euch gibt und für all die kleinen und großen, alltäglichen und bedeutenden Augenblicke, die ihr in mein Leben gebracht habt und bringt!

ENDNOTEN

Einführung: Sind Sie bereit, ein drittes Mal neu geboren zu werden?

1 Brené Brown: *Die Gaben der Unvollkommenheit* (übersetzt von Ute Weber), Arkana Verlag 2024. (Hier Deutsch von Übersetzerin).
2 Existentialismus ist eine Strömung, die sich nur schwer auf eine einzelne These beschränken lässt. Meine breiter gefasste Herangehensweise zu diesem Thema wird ausführlich dargelegt in: Frank Martela: »Crisis of meaning in Sartor Resartus – Thomas Carlyle's pioneering work in articulating and addressing the existential confrontation«, in: *The Pluralist*, 18(2), S. 80–106, 2023.
3 Jean-Paul Sartre: *Der Existentialismus ist ein Humanismus: Und andere philosophische Essays 1943–1948* (übersetzt von Werner Bökenkampf, Hans Georg Brenner, Margot Fleischer u. a.), Rowohlt Taschenbuch Verlag 2000.
4 Aus dem Film *Star Wars: Episode V - Das Imperium schlägt zurück* (1980).
5 Peter Ferdinand Drucker: »Managing for Business Effectiveness«, in: *Harvard Business Review*, 41(3), S. 53–60, 1963.
6 Nachdem ich über zehn Jahre zu dem Sinn und Wohlbefinden des Menschen geforscht hatte, war ich überrascht, wie wenig wir eigentlich wissen. Zwar gibt es bestimmte Faktoren, die nachweislich das menschliche Wohlbefinden verbessern, doch ein Großteil der weitverbreiteten Lebensratschläge wurde noch nicht empirisch untersucht. Vor allem gibt es weite Bereiche des menschlichen Verhaltens, die noch nicht ausreichend mittels randomisierter, kontrollierter Studien (oder Quasi-Experimenten) untersucht wurden. Obwohl ich also versuchen werde, so weit wie möglich wissenschaftliche Forschungsergebnisse heranzuziehen und sicherzustellen, dass meine Ratschläge mit den neuesten Erkenntnissen der Humanpsychologie übereinstimmen, gibt es viele Abschnitte in diesem Buch, wo die entscheidenden Beweise fehlen und wir uns auf die Ratschläge verlassen müssen, die am überzeugendsten klingen.
7 Die Metapher der drei Geburten stammt aus: William Deresiewicz: *Excellent Sheep - The miseducation of the American elite and the way to a meaningful life*, S. 86, Simon and Schuster 2014. (Deutsch von Übersetzerin).
8 Immanuel Kant: »Beantwortung der Frage: Was ist Aufklärung?«, 1784.
9 Kants Essay betont insbesondere den Nutzen der eigenen Vernunft in der Öffentlichkeit und bewegt sich somit vorwiegend im politischen Bereich. Nichtsdestotrotz beschäftigt er sich auch mit der Freiheit des Geistes jedes Individuums als Ziel der Aufklärung, was wiederum im deutschen Idealismus und in der Romantik sowie später im Existentialismus erneut aufgegriffen wurde.
10 Kant (1784).
11 Deresiewicz (2014), S. 85.
12 Ebd., S. 84.
13 Mark Lilla, zitiert in: Deresiewicz (2014), S. 85.
14 Deresiewicz (2014), S. 80.

Kapitel 1: Denken Sie nicht ständig über Ihr eigenes Glück nach

15 Schätzung des Global Wellness Institutes: Global Wellness Institute: *Wellness economy statistics & facts*, 2024. Abgerufen unter: https://globalwellnessinstitute.org/press-room/statistics-and-facts/ (Zugriff: 7.2.2025)
16 Jeanne Tsai et al.: »Learning what feelings to desire: Socialization of ideal affect through children's storybooks«, in: *Personality and Social Psychology Bulletin*, 33(1), S. 17–30, 2007.
17 Zu dem Argument, dass Glück zu einer kulturellen Norm geworden ist, siehe beispielsweise: Charles Taylor: *The Ethics of Authenticity*, Harvard University Press 1991.
18 Barbara Fredricksons »Broaden-and-Build«-Theorie der positiven Emotionen erklärt, warum es positive Emotionen gibt und benennt ihre evolutionären Vorteile: Sie erweitern unser Denken und Handeln und bringen uns dazu, neue Dinge auszuprobieren, wodurch wir Fähigkeiten und Reserven aufbauen: Barbara Fredrickson: »The role of positive emotions in positive psychology: The broaden-and-build theory of positive emotions«, in: *American Psychologist*, 56(3), S. 218–226, 2001. Barbara Fredrickson: »Positive emotions Broaden and Build«, in: Ashby Plant, Patricia Devine (Hrsg.): *Advances in Experimental Social Psychology*, Bd. 47. Academic Press, S. 1–53, 2013.
19 Shannon Moore, Ed Diener, Kenneth Tan: »Using multiple methods to more fully understand causal relations: Positive affect enhances social Relationships«, in: Ed Diener, Shigehiro Oishi, Louis Tay (Hrsg.): *Handbook of Well-Being*, Noba Scholar, S. 1–17, 2018.
20 Siehe beispielsweise: Ryan Howell, Margaret Kern, Sonja Lyubomirsky: »Health benefits: Meta-analytically determining the impact of well-being on objective health outcomes«, in: *Health Psychology Review*, 1(1), S. 83–136, 2007. Zu den diversen Vorteilen positiver Emotionen siehe beispielsweise folgende Besprechungen: Sonja Lyubomirsky, Laura

King, Ed Diener: »The benefits of frequent positive affect: Does happiness lead to success?«, in: *Psychological Bulletin*, 131(6), S. 803–855, 2005. Ed Diener, Richard Lucas, Shigehiro Oishi: »Advances and open questions in the science of subjective wellbeing«, in: *Collabra: Psychology*, 4(1), S. 1–49, 2018.

21 Das Zitat stammt aus dem Blogpost, in dem Grant die Beweise durchgeht, warum der Versuch, glücklich zu sein, uns unglücklich machen kann: Adam Grant: »Does trying to be happy make us unhappy?«, Blog in: *Psychology Today*, 14.5.2013. Abgerufen unter: https://www.psychologytoday.com/us/blog/give-and-take/201305/does-trying-be-happy-make-us-unhappy (Zugriff: 7.2.2025)

22 Die Quelle der Studie findet sich in der nächsten Fußnote. Dieses Zitat stammt aus der Pressemitteilung zu der Studie: Beth Chee: *Today's teens: More materialistic, less willing to work*, San Diego State University, 1.5.2013. Abgerufen unter: https://www.sdsu.edu/news/2013/05/todays-teens-more-materialistic-less-willing-work (Zugriff: 7.2.2025)

23 Jean Twenge, Tim Kasser: »Generational changes in materialism and work centrality, 1976–2007: Associations with temporal changes in societal insecurity and materialistic role modeling«, in: *Personality and Social Psychology Bulletin*, 39(7), S. 883–897, 2013.

24 Für eine der ursprünglichen Studien siehe Tim Kasser, Richard Ryan: »Further examining the American dream: Differential correlates of intrinsic and extrinsic goals«, in: *Personality and Social Psychology Bulletin*, 22(3), S. 280–287, 2013; für eine neuere Metaanalyse der Studien zu diesem Thema siehe Emma Bradshaw et al.: »A metaanalysis of the dark side of the American dream: Evidence for the universal wellness costs of prioritizing extrinsic over intrinsic goals«, in: *Journal of Personality and Social Psychology*, 124(4), S. 873–899, 1996.

25 Diese Studie stammt aus folgendem Aufsatz: Iris Mauss et al.: »Can seeking happiness make people unhappy? Paradoxical effects of valuing happiness«, in: *Emotion*, 11(4), S. 807–815, 2011.

26 Die Originalstudie ist Iris Mauss et al. (2011); seit dieser sind viele Studien zu derselben Schlussfolgerung gekommen, siehe folgende neuere Publikation: Felicia Zerwas, Brett Ford: »The paradox of pursuing happiness«, in: *Current Opinion in Behavioral Sciences*, 39, S. 106–112, 2021.

27 Eric Weiner: *Geografie des Glücks* (übersetzt von Anita Krätzer und Bernd Rullkötter), Zweitausendeins Verlag 2008. (Hier Deutsch von Übersetzerin).

28 Robert Ringer: *Werde Nummer 1* (übersetzt von Evelyn Linke), mvg Verlag 1995. (Hier Deutsch von Übersetzerin).

29 »Vorausgesetzt, Ihre Handlungen verletzen nicht die Rechte anderer«, fügt er als moralische Einschränkung für das Erreichen des auf lange Sicht größtmöglichen Glücks hinzu. Ringer (1995), S. ix.

30 Iris Mauss et al.: »The pursuit of happiness can be lonely«, in: *Emotion*, 12(5), S. 908–912, 2012.

31 Hui Bing Tan, Joseph Forgas: »When happiness makes us selfish, but sadness makes us fair: Affective influences on interpersonal strategies in the dictator game«, in: *Journal of Experimental Social Psychology*, 46(3), S. 571–576, 2010.

32 Robert D. Putnam: *Bowling Alone: The collapse and revival of American community*, Simon and Schuster 2001.

33 Alfred Tennyson: *The Collected Poems of Alfred Lord Tennyson*, S. 300, Wordsworth 1994. (Deutsch von Übersetzerin).

34 Egon Dejonckheere et al.: »Perceiving societal pressure to be happy is linked to poor well-being, especially in happy nations«, in: *Scientific Reports*, 12(1514), 2022.

35 Egon Dejonckheere, Brook Bastian: »Perceiving social pressure not to feel negative is linked to a more negative self-concept«, in: *Journal of Happiness Studies*, 22(2), S. 667–679, 2021. Brook Bastian et al.: »Feeling bad about being sad: The role of social expectancies in amplifying negative mood«, in: *Emotion*, 12(1), S. 69–80, 2012. Egon Dejonckheere et al.: »Perceiving social pressure not to feel negative predicts depressive symptoms in daily life«, in: *Depression and Anxiety*, 34(9), S. 836–844, 2017. John McGuirk et al.: »Does a culture of happiness increase rumination over failure?«, in: *Emotion*, 18(5), S. 755–764, 2018.

36 Damals schrieb ich zu dem Thema in *Scientific American Mind: Frank Martela*: »Finland is the happiest country in the world, and Finns aren't happy about it«, in: *Scientific American Mind*, 29, S. 44–46, 2018.

37 Siehe: Jakub Marian (o.D.). Anzahl der Metal-Bands pro Kopf in Europa. Abgerufen unter: https://jakubmarian.com/number-of-metal-bands-per-capita-in-europe/ (Zugriff: 10.2.2025)

38 Zur allgemeinen Rolle von Emotionen im menschlichen Leben siehe: Roy Baumeister et al.: »Bad is stronger than good«, in: *Review of General Psychology*, 5(4), S. 323–370, 2001.

39 Leslie Martin et al.: »A life course perspective on childhood cheerfulness and its relation to mortality risk«, in: *Personality and Social Psychology Bulletin*, 28(9), S. 1155–1165, 2002.

40 John Kay: *Obliquity - Why our goals are best achieved indirectly*, Profile Books 2010.

41 Susan David: *Emotionale Beweglichkeit* (übersetzt von Julia Augustin), Narayana Verlag 2020. (Hier Deutsch von Übersetzerin).

42 John Stuart Mill: *Selbstbiografie*, Antigonos Verlag 2024. (Hier Deutsch von Übersetzerin).

Kapitel 2: Kümmern Sie sich nicht darum, was andere über Sie denken

43 Wie komme ich darauf, hier über Karaokebars zu schreiben? Weil ich gestern Abend gerade in einer war. Neben ein paar finnischen Evergreens versuchte ich mich an *Disco 2000* von Pulp und *Can't Hold Us* von Macklemore & Ryan Lewis (Ich rappe besonders gern in Karaokebars).

44 Diese Unterscheidung kommt aus der organismischen Integrationstheorie, die wiederum zur Selbstbestimmungstheorie gehört. Was ich äußere und innere Kontrolle nenne, wird in der Theorie »externale Regulation« und »introjizierte Regulation« genannt, aber ich wollte hier lieber weniger fachsprachliche Begriffe verwenden.

45 Edward Deci und Richard Ryan: »The ›what‹ and ›why‹ of goal pursuits: Human needs and the self-determination of behavior«, in: *Psychological Inquiry*, 11(4), S. 227–268, 2000. Richard Ryan und Edward Deci: *Self-Determination Theory: Basic psychological needs in motivation, development, and wellness*, Guilford Press 2017.
46 Zu Theorie und Belegen der Selbstdomestizierung des Menschen siehe beispielsweise: Helen Leach: »Human domestication Reconsidered«, in: *Current Anthropology*, 44(3), S. 349–368, 2003. Constantina Theofanopoulou et al.: »Self-domestication in Homo sapiens: Insights from comparative genomics«, in: *PLOS ONE*, 12(10), 2017.
47 Diese unterschiedlichen Motivationsarten werden in der organismischen Integrationstheorie untersucht, die wiederum zur Selbstbestimmungstheorie zählt. Sie beschreibt ein Motivationskontinuum mit mehreren verschiedenen Arten von Motivation: von Unmotiviertheit und kontrollierten Motivationen bis hin zu autonomen Formen von Motivation. Ryan und Deci (2017), Deci und Ryan (2000).
48 Siehe Joseph Henrich, Steven J. Heine und Ara Norenzayan: »The weirdest people in the world?«, in: *Behavioral and Brain Sciences*, 33(2–3), S. 61–83, 2010. Coren Apicella, Ara Norenzayan und Joseph Henrich: »Beyond WEIRD: A review of the last decade and a look ahead to the global laboratory of the future«, in: *Evolution and Human Behavior*, 41(5), S. 319–329, 2020.
49 Mark R. Leary und Roy F. Baumeister: »The nature and function of self-esteem: Sociometer theory«, in: *Advances in Experimental Social Psychology*, 32, S. 1–62, 2000.
50 Roy F. Baumeister et al.: »Does high self-esteem cause better performance, interpersonal success, happiness, or healthier lifestyles?«, in: *Psychological Science in the Public Interest*, 4(1), S. 1–44, 2003.
51 Jennifer Crocker und Noah Nuer: »The insatiable quest for self-worth«, in: *Psychological Inquiry*, 14(1), S. 31–34, 2003.
52 Richard M. Ryan und Kirk Warren Brown: »Why we don't need self-esteem: On fundamental needs, contingent love, and mindfulness«, in: *Psychological Inquiry*, 14(1), S. 71–76, 2003. Edward L. Deci und Richard M. Ryan: »Human autonomy: The basis for true self-esteem«, in: Michael H. Kernis (Hrsg.): »Efficacy, Agency, and Self-esteem«, in: *Plenum*, S. 31–49, 1995. Michael H. Kernis: »Toward a conceptualization of optimal self-esteem«, in: *Psychological Inquiry*, 14(1), S. 1–26, 2003. Siehe auch Jennifer Crocker und Katherine M. Knight: »Contingencies of self-worth«, in: *Current Directions in Psychological Science*, 14(4), S. 200–203, 2005.
53 Ryan und Brown (2003), S. 72.
54 Yu Niiya, Jennifer Crocker und Elizabeth N. Bartmess: »From vulnerability to resilience: Learning orientations buffer contingent self-esteem from failure«, in: *Psychological Science*, 15(12), S. 801–805, 2004. Siehe auch Crocker und Knight (2005).
55 Eino Leino: *Hiihtäjän Virsiä*, S. 84, Otava 1900.
56 Anders Ejrnæs und Bent Greve: »Your position in society matters for how happy you are«, in: *International Journal of Social Welfare*, 26(3), S. 206–217, 2017.
57 Ejrnæs and Greve (2017); Jan Delhey et al.: »Who values status seeking? A cross-European comparison of social gradients and societal conditions«, in: *European Societies*, 24(1), S. 29–60, 2022.
58 Jan Delhey und Georgi Dragolov: »Why inequality makes Europeans less happy: The role of distrust, status anxiety, and perceived conflict«, in: *European Sociological Review*, 30(2), S. 151–165, 2014.
59 Ichiro Kishimi, Fumitake Koga: *Du musst nicht von allen gemocht werden – Vom Mut, sich nicht zu verbiegen* (übersetzt von Renate Graßtat), Rowohlt Verlag 2018. (Hier Deutsch von Übersetzerin).
60 Ebd.

Kapitel 3: Messen Sie Ihren Gefühlen nicht zu viel Bedeutung bei

61 Es ist fraglich, ob Wut »Adrenalin in unseren Körper pumpt« oder Adrenalin, das in unseren Körper gepumpt wird (zusammen mit anderen, bestimmten Faktoren) dafür sorgt, dass wir fühlen, wie Wut in uns aufsteigt. Die Abfolge dieser Ereignisse ist höchst komplex und verflochten. Nichtsdestotrotz rufen Situationen, die Wutgefühle auslösen, sowohl eine körperliche als auch eine emotionale Reaktion hervor. Siehe dazu beispielsweise: József Haller, Gábor B. Makara, Menno R. Kruk: »Catecholaminergic involvement in the control of aggression: Hormones, the peripheral sympathetic, and central noradrenergic systems«, in: *Neuroscience & Biobehavioral Reviews*, 22(1), S. 85–97, 1997.
62 Für die Auswirkungen von positiven Emotionen, die uns offener gegenüber Ideen und Erfahrungen machen, siehe Fredrickson (2013).
63 Die genaue Anzahl der Basisemotionen ist eine offene Frage, doch Glück, Traurigkeit, Angst, Wut und Ekel sind in den meisten Modellen enthalten. Liebe, Interesse und Überraschung sind hingegen umstritten. Siehe dazu Jessica L. Tracy und Daniel Randles: »Four models of basic emotions: A review of Ekman and Cordaro, Izard, Levenson, and Panksepp and Watt«, in: *Emotion Review*, 3(4), S. 397–405, 2011. Hilary Anger Elfenbein und Nalini Ambady: »On the universality and cultural specificity of emotion recognition: A meta-analysis«, in: *Psychological Bulletin*, 128(2), S. 203–235, 2002. Paul Ekman: »An argument for basic emotions«, in: *Cognition and Emotion*, 6(3–4), S. 169–200, 1992.
64 David (2020), S. 3.
65 Nico Frijda: »The laws of emotion«, in: *American Psychologist*, 43(5), S. 349–358, 1988. (S. 349, eigene Hervorhebung).
66 Siehe etwa Hans Welzl, Patrizia D'Adamo und Hans-Peter Lipp: »Conditioned taste aversion as a learning and memory paradigm«, in: *Behavioural Brain Research*, 125(1), S. 205–213, 2001.

124 Lutherbibel, Übersetzung 2000, Schlachter.
125 Der berühmte Vers stammt aus dem fünften Aufzug, fünfte Szene von William Shakespeare: *Das Trauerspiel vom Macbeth* (übersetzt von Christoph Martin Wieland), Haffmans Verlag 1995.
126 Thomas Carlyle: *Sartor Resartus – Leben und Meinungen des Herrn Teufelsdröckh* (übersetzt von Peter Staengle), Manesse Verlag 1991. Ich schreibe über Carlyles Buch und seinen Einfluss in Martela (2023). (Hier Deutsch von Übersetzerin).
127 Robert Gilmour: *The Victorian Period: The intellectual and cultural context of English literature 1830–1890*, S. 28, Logman Group 1993.
128 Carlyle (1991).
129 Epiktet: *Über die Kunst der inneren Freiheit – Alte Weisheiten für ein Leben nach der Stoa*, FinanzBuch Verlag 2019. (Hier Deutsch von Übersetzerin).
130 Peirce verfasste diese Definition für das *Century Dictionary* (1889–91). Siehe Mats Bergman: »Minimal Meliorism: Finding a balance between conservative and progressive pragmatism«, in: Ulf Zackariasson (Hrsg.): *Action, Belief and Inquiry - Pragmatist perspectives on science, society and religion* (Bd. 2), S. 2–28, Nordic Pragmatism Network 2015.
131 Greta Thunbergs Geschichte wird in zahlreichen Zeitungsartikeln erwähnt. Ich beziehe mich hauptsächlich auf diese Quellen: *BBC News* vom 30.12.2029: »Greta Thunberg's father: ›She is happy, but I worry‹«. Abgerufen unter: https://www.bbc.com/news/uk-50901789 (Zugriff: 11.3.2025) *BBC News* vom 9.5.2024: »Greta Thunberg: Who is the climate activist and what has she achieved?«. Abgerufen unter: https://www.bbc.com/news/world-europe-49918719 (Zugriff: 11.3.2025)
132 Zitat aus dem o.g. Artikel.
133 Viktor Frankl: *Trotzdem Ja zum Leben sagen: Ein Psychologe erlebt das Konzentrationslager,* Kösel Verlag 2024.
134 Das Zitat stammt aus Leinos Gedicht *Hymni Tulelle, Ode to the Fire.* Die Übersetzung ins Englische findet sich hier: Rupert Moreton: *Hymn to the Fire* (Hymni tulelle), Eino Leino, Lingua Fennica (14.11.2015). Abgerufen unter: https://linguafennica.wordpress.com/2015/11/14/hymn-to-the-fire-hymni-tulelle-eino-leino/ (Deutsch von Übersetzerin).

Kapitel 8: Kümmern Sie sich um sich selbst
135 Man muss bedenken, dass Sally Salminen auf Schwedisch schrieb, was die Muttersprache der Bewohner:innen von Åland war, auch wenn diese Insel zu Finnland gehört. Die Zitate stammen (hier ins Deutsche übersetzt) aus folgendem Artikel vom 16.10.1936 von George B. Garrot: »Maid spent a year writing prize book«, *New York Times,* S. 1 und 12.
136 Hauptsächlich habe ich den folgenden Artikel aus einer finnischen Zeitung als Quelle für Informationen zu Sally Salminens Leben genutzt: T. Pallaste: »Suuri tuntematon«, in: *Helsingin Sanomat,* 6.7.2019.
137 Zitat aus dem o.g. Artikel der *New York Times.*
138 Sally Salminen: *Katrina* (übersetzt ins Englische von Hurme, J.) Teos 2023. Sally Salminen: *Katrina* (übersetzt ins Deutsche von Edzard Schaper), Insel Verlag 1955.
139 Virginia Woolf: »George Eliot«, in: *The Times Literary Supplement,* 20.11.2019.
140 David (2016), S. 143.
141 Pallaste (2019).
142 Sartre (2000).
143 Keith Stanovich: *The Robot's Rebellion: Finding meaning in the age of Darwin,* University of Chicago Press, 2005.
144 Ruth Chang: »How to make hard choices«, Video auf TEDSalon. Abgerufen unter: https://www.ted.com/talks/ruth_chang_how_to_make_hard_choices/ (Zugriff: 11.3.2025)
145 Siehe Kirsten D. Neff: »Self-compassion, self-esteem, and well-being«, in: *Social and Personality Psychology Compass,* 5(1), S. 1–12, 2011. Kirsten D. Neff: »Self-compassion: Theory, method, research, and intervention«, in: *Annual Review of Psychology,* 74, S. 193–218, 2023.
146 Kirsten D. Neff: »Selfcompassion: An alternative conceptualization of a healthy attitude toward oneself«, in: *Self and Identity,* 2(2), S. 85–101, 2003.
147 Neff (2023), S. 201.
148 Die Angaben zu den in diesem Absatz erwähnten Studien finden sich in Neff (2023); siehe beispielsweise diese zwei Metaanalysen: Ulli Zessin, Oliver Dickhäuser und Sven Garbade: »The relationship between self-compassion and well-being: A metaanalysis«, in: *Applied Psychology: Health and Well-Being,* 7(3), S. 340–364, 2015. Xi Luo et al.: »Investigating the influence of self compassionfocused interventions on posttraumatic stress: A systematic review and meta-analysis«, in: *Mindfulness,* 12(12), S. 2865–2876, 2021.
149 Regina Hiraoka et al.: »Self-compassion as a prospective predictor of PTSD symptom severity among trauma-exposed U.S., Iraq and Afghanistan war veterans«, in: *Journal of Traumatic Stress,* 28(2), S. 127–133, 2015. Katherine Dahm et al.: »Mindfulness, self-compassion, posttraumatic stress disorder symptoms, and functional disability in U.S., Iraq and Afghanistan war veterans«, in: *Journal of Traumatic Stress,* 28(5), S. 460–464, 2015.
150 Ingrid Dundas et al.: »Does a short self-compassion intervention for students increase healthy self-regulation? A randomized control trial«, in: *Scandinavian Journal of Psychology,* 58(5), S. 443–450, 2017. Jia Wei Zhang und Serena Chen: »Self-compassion promotes personal improvement from regret experiences via acceptance«, in: *Personality and Social Psychology Bulletin,* 42(2), S. 244–258, 2016.
151 Neff (2023), S. 202.

ENDNOTEN

152 Siehe etwa Michaela B. Swee et al.: »A brief selfcompassionate letter-writing intervention for individuals with high shame«, in: *Mindfulness*, 14(4), S. 854–867, 2023. Edward A. Johnson und Karen A. O'Brien: »Self-compassion soothes the savage EGO-threat system: Effects on negative affect, shame, rumination, and depressive symptoms«, in: *Journal of Social and Clinical Psychology,* 32(9), S. 939–963, 2013. Für eine Bewertung siehe Neff (2023).
153 Siehe die umfassende Forschung zur Autonomie als psychologisches Bedürfnis, die innerhalb der Selbstbestimmungstheorie erfolgte. Richard Ryan und Edward Deci: »Self-determination theory and the facilitation of intrinsic motivation, social development, and well-being«, in: *American Psychologist,* 55(1), S. 68–78, 2000. Frank Martela und Richard Ryan: »Clarifying eudaimonia and psychological functioning to complement evaluative and experiential wellbeing – Why basic psychological needs should be measured in national accounts of well-being«, in: *Perspectives on Psychological Science,* 18(5), S. 1121–1135, 2023.
154 Lauri Järvilehto: *Learning As Fun,* Rovio Learning, 2014.
155 Siehe Geoffrey L. Cohen et al.: »Reducing the racial achievement gap: A social-psychological intervention«, in: *Science*, 313(5791), S. 1307–1310, 2006. Katherine Nelson et al.: »Beyond self-protection: Selfaffirmation benefits hedonic and eudaimonic well-being«, in: *Personality and Social Psychology Bulletin,* 40(8), S. 998–1011, 2014.
156 Weitere Forschung zu diesem Bedürfnis findet man ebenfalls in der Selbstbestimmungstheorie, etwa bei Ryan und Deci (2000).
157 Zitat aus Orville G. Brim: *Ambition — How we manage success and failure throughout our lives,* S. 4, iUniverse 2016. (Deutsch von Übersetzerin).
158 International Olympic Committee (o.D.): »What is the Olympic creed?«. Abgerufen unter: https://olympics.com/ioc/faq/olympic-symbol-and-identity/what-is-the-olympic-creed (in englischer Sprache, Zugriff: 11.3.2025) Auf Deutsch: https://stillmed.olympic.org/Documents/Reports/FR/fr_report_1304.pdf
159 Brim (2016), S. xiii.
160 Auf den ersten Seiten von Brim (2016).

Kapitel 9: Kümmern Sie sich um andere

161 Dieser Aspekt wird besprochen in Roy F. Baumeister und Mark R. Leary: »The need to belong: Desire for interpersonal attachments as a fundamental human motivation«, in: *Psychological Bulletin,* 117(3), S. 497–529, 1995.
162 Intersein bedeutet, dass auf der Welt nichts allein existiert, alles ist miteinander verbunden.
163 Ich bespreche diese Bedürfnistheorien in Frank Martela: »Being as having, loving, and doing: A theory of human well-being«, in: *Personality and Social Psychology Review.* Online veröffentlicht 2024.
164 Roy Baumeister und John Tierney: *Die Macht der Disziplin – Wie wir unseren Willen trainieren können* (übersetzt von Jürgen Neubauer), Campus Verlag 2022. (Hier Deutsch von Übersetzerin).
165 Siehe Alexandra Topping: »Looting ›fuelled by social exclusion‹«, in: *Guardian* vom 8.8.2011. Abgerufen unter: https://www.theguardian.com/uk/2011/aug/08/looting-fuelled-by-social-exclusion (Zugriff: 11.3.2025)
166 Robert Wuthnow: *Acts of Compassion: Caring for others and helping ourselves,* S. 22, Princeton University Press 1991.

Kapitel 10: Bemühen Sie sich um eine bessere Welt

167 Der Entwicklungspsychologe Jeffrey Arnett prägte den Begriff der *emerging adulthood* und sorgte somit während der vergangenen zwei Jahrzehnte für zahlreiche Diskussionen und Studien: Jeffrey J. Arnett: »Emerging adulthood: A theory of development from the late teens through the twenties«, in: *American Psychologist,* 55(5), S. 469–480, 2000. Siehe ebenfalls Robin Marantz Henig: »What is it about 20-somethings?« aus der *New York Times* vom 18.8.2010. Abgerufen unter: www.nytimes.com/2010/08/22/magazine/22Adulthood-t.html (Zugriff: 11.3.2025)
168 Dieses gänzlich zu veranschaulichen, würde diverse Forschungsrichtungen umfassen, wie Psychologie, Primatologie und evolutionäre Studien, weshalb ich an dieser Stelle lediglich auf ein paar Quellen zum Einstieg in das Thema verweise: Felix Warneken und Michael Tomasello: »The roots of human altruism«, in: *British Journal of Psychology,* 100(3), S. 455–471, 2009. Ernst Fehr und Urs Fischbacher: »The nature of human altruism«, in: *Nature*, 425, S. 785–795, 2003. Stuart A. West, Ashleigh S. Griffin und Andy Gardner: »Evolutionary explanations for cooperation«, in: *Current Biology,* 17(16), S. R661–R672, 2007. Pat Barclay und Mark van Vugt: »The evolutionary psychology of human prosociality: Adaptations, byproducts, and mistakes«, in: David A. Schroeder und William G. Graziano (Hrsg.): *The Oxford Handbook of Prosocial Behavior,* S. 37-60, Oxford University Press 2015.
169 Siehe empirische Forschung von mir und anderen: Frank Martela und Richard M. Ryan: »Prosocial behavior increases well-being and vitality even without contact with the beneficiary: Causal and behavioral evidence«, in: *Motivation and Emotion,* 40(3), S. 351–357, 2016. Frank Martela et al.: »What makes work meaningful? Longitudinal evidence for the importance of autonomy and beneficence for meaningful work«, in: *Journal of Vocational Behavior,* 131(103631), S. 1–15, 2021. Daryl R. Van Tongeren et al.: »Prosociality enhances meaning in life«, in: *The Journal of Positive Psychology,* 11(3), S. 225–236, 2016. Nadav Klein: »Prosocial behavior increases perceptions of meaning in life«, in: *The Journal of Positive Psychology*, 12(4), S. 354–361, 2017.
170 Crocker und Nuer (2003).
171 Siehe zum Beispiel Frank Martela und Richard M. Ryan: »If giving money to the Red Cross increases well-being, does taking money from the Red Cross increase ill-being? – Evidence from three experiments«, in: *Journal of Research in Personality,* 93(104114), S. 1–10, 2021. Lara B. Aknin et al.: »Prosocial spending and well-being: Cross-cultural

evidence for a psychological universal«, in: *Journal of Personality and Social Psychology,* 104(4), S. 635–652, 2013. Bryant P. H. Hui et al.: »Rewards of kindness? A metaanalysis of the link between prosociality and well-being«, in: *Psychological Bulletin,* 146(12), S. 1084–1116, 2020.
172 Carlyle (1991). Zu Kontext und Rezeption des Buches siehe mein Artikel zu dem Thema: Martela (2023).
173 Carlyle (1991).
174 Carlyle (1991)
175 Carlisle Moore: »*Sartor Resartus* and the problem of Carlyle's conversion«, in: *Publications of the Modern Language Association of America,* S. 662–681, 1995.
176 Vorwort zu der englischsprachigen Ausgabe aus dem Jahr 1984. In: Frankl (1984), S. 16–17. (Deutsch von Übersetzerin).
177 Die meisten Quellen zu Rytis Lebensgeschichte sind in finnischer Sprache. Ich habe unter anderem diese genutzt: *Henkilöhistoria* (o.D.). Ryti, Risto (1889–1956). Abgerufen unter: https://kansallisbiografia.fi/kansallisbiografia/henkilo/60 (Zugriff: 12.3.2025)
178 Zitat gefunden unter (in finnischer Sprache, Deutsch von Übersetzerin): https://www.presidenttiristoryti.fi/elama-ja-ura/sotasyyllisyys-ja-vankila (Zugriff: 12.3.2025)
179 Gioconda Belli: *Die Verteidigung des Glücks – Erinnerung an Liebe und Krieg* (übersetzt von Lutz Kliche), Hanser Verlag 2001.
180 Thomas Carlyle: *Über Helden, Heldenverehrung und das Heldentümliche in der Geschichte,* Outlook Verlag 2022. (Hier Deutsch von Übersetzerin).

Schlussbemerkung: Die hohe Kunst, nicht zu sehr involviert zu sein, aber sich zugleich stark einzubringen
181 Unter anderem kann man Matti Nykänens Geschichte hier nachlesen (in finnischer Sprache): https://www.is.fi/makihyppy/art-2000006016593.html (Zugriff: 12.3.2025)
182 Thomas Nagel: *Was bedeutet das alles? – Eine sehr kurze Einführung in die Philosophie* (übersetzt von Michael Gebauer), S. 84, Reclam Verlag 2012.
183 Eric D. Galbraith et al.: »High life satisfaction reported among small-scale societies with low incomes«, in: *Proceedings of the National Academy of Sciences,* 121(7), Article number e2311703121.
184 Epikur: *Briefe, Sprüche, Werkfragmente* (übersetzt und herausgegeben von Hans-Wolfgang Krautz), Reclam Verlag 1986. (Hier Deutsch von Übersetzerin).
185 Zitat aus Harri-Pekka Pietikäinen: *Työelämäntaktiikkataulu Huippuurheiluvalmennuksen opit ja mahdollisuudet,* S. 178, Fitra 2019.
186 Juurikkala (2024), S. 212.
187 Die Rede in voller Länge kann hier eingesehen werden: Theodore Roosevelt Center (o.D.): *The man in the arena.* Abgerufen unter: https://www.theodorerooseveltcenter.org/Learn-About-TR/TR-Encyclopedia/Culture-and-Society/Man-in-the-Arena.aspx (Zugriff: 12.32025) (Deutsch von Übersetzerin).
188 Tom Brady auf X am 21.5.2020. Abgerufen unter: https://x.com/TomBrady/status/1263513066907619335 (Zugriff: 12.3.2025)
189 Tommy Tabermann: *Eksymättä et löydä perille,* S. 13, Gummerus 2019. (Deutsch von Übersetzerin)
190 Kürzlich habe ich herausgefunden, dass es für dieses Gefühl im Englischen einen eigenen Begriff gibt: *sonder.* John Koenig liefert im *Dictionary of Obscure Sorrows* die Definition des Wortes: »die Realisierung, dass jeder Passant und jede Passantin ein ebenso realer und komplexer Mensch ist wie man selbst.« Siehe dazu folgendes Video: https://www.youtube.com/watch?v=AkoML0_FiV4 (Zugriff: 25.3.2025)

Impressum

Titel der Originalausgabe:
Stop Chasing Happiness – A pessimist's guide to a good life
Zuerst erschienen bei Allen & Unwin 2025
(Diese Übersetzung wurde mit Einverständnis von Frank Martela vermittelt
durch die Elina Ahlback Literary Agency, Helsinki, Finland)

Deutsche Erstausgabe
1. Auflage 2025

Ein Unternehmen der Média-Participations

Alle Illustrationen © Shutterstock: GoodStudio (Cover, S. 9, 23, 27, 43, 44, 52, 62, 63, 67, 68, 85, 89, 90, 102, 126, 135, 141, 155, 201), jamongcreator (S. 6), Zubada (S. 10), eamesBot (S. 16, 54, 60, 109), SurfsUp (S. 24), Na_Studio (S. 33), Iconic Prototype (S. 34), Sensvector (S. 38, 46), topvector (S. 40), Blueastro (S. 49), mentalmind (S. 51, 70, 115, 156), zuperia (S. 73, 79), robuart (S. 76), Mary Long (S. 81), inspiring.team (S. 86, 161, 196), feodarina (S. 94), melitas (S. 97, 182, 184), Buravleva stock (S. 99), johavel (S. 111), Gvardgraph (S. 116), Nadya_Art (S. 119), YummyBuum (S. 120, 181, 188), Igor Levin (S. 123), Net Vector (S. 124), Paper Trident (S. 129, 173), Pensee Sauvage (S. 137), Art Studio VN (S. 139), Ramcreative (S. 142, 144, 145), walijawahab (S. 148), Vectorbum (S. 151), FANDESIGN (S. 153, 199), Irina Strelnikova (S. 162), Anna Tigra (S. 163), SofiaV (S. 169), Onica Alexandru Sergiu (S. 174), BNP Design Studio (S. 176), Vector Goddess (S. 202); außer: S. 232 (Schimpanse) © Keiko Hoshino

Projektleitung: Anja Sommerfeld, Knesebeck Verlag
Übersetzung: Annika Klapper, Düsseldorf
Lektorat: Ute König, Kitzingen
Korrektorat: Leonhard Huber, München
Umschlaggestaltung, Layout und Satz: Bernadett Limmer (schere.style.papier), München
Herstellung: Arnold & Domnick, Leipzig
Druck: Graspo CZ, a.s.
Printed in Czech Republic

ISBN 978-3-95728-958-2

Elektronisch ist folgende Ausgabe erhältlich:
eBook (epub): ISBN 978-3-98962-042-1

www.knesebeck-verlag.de

FSC® www.fsc.org
MIX
Papier | Fördert gute Waldnutzung
FSC® C010798